暦／しきたり／アエノコト

日本人が
大切にしたい
うつくしい
暮らし

井戸理恵子

かんき出版

その景色は妖精のように優美で、
その美術は絶妙であり、
その神のようにやさしい性質はさらに美しく、
その魅力的な態度、その礼儀正しさは
謙譲であるが卑屈に堕することなく、
精巧であるが飾ることもない。
これこそ、日本を、
人生の生きがいあらしめるほとんどすべてのことにおいて、
あらゆる他国より一段と高い位置に置くものである。

英国の詩人　エドウィン・アーノルド（1832－1904）

はじめに

四季のある日本、先人たちは、生きるために厳しい自然と共存してきました。

自然のリズムに沿った先人たちの暮らしはうつくしい。うつくしいとは、見た目のことだけでなく、秩序があるということです。

太陽が昇っては沈み、月が満ちては欠け1年が巡る。地球に生きる動植物は、すべて自然のルールによって生かされている。

本来のうつくしい生活とは、生態系に逆らわない、秩序ある生活だと思うのです。

思わぬ災害が相次ぐ昨今は、自然の驚異に不安が増しています。便利さだけが健康、幸せを保証してくれないと気づいた今こそ、古来、人々がどんなふうに自然と寄り添ってきたかを知ってほしい。その先人たちの知恵を、今の暮らしに活かしていくことで、人間本来の力を取り戻してほしい……。そう願って本書を書きました。

はじめまして、井戸理恵子です。民俗情報工学が専門分野です。

聞き慣れない言葉ですよね。あるとき、工学博士の武田邦彦先生が「あなたの研究は民俗工学というべきものかもしれませんね」と言ってくださったのがヒントでした。具体的には、日本各地に息づいた風習や伝承を拾い集め、分析していく。なぜその場所にそういうことが生じたのか、その意味を読み解いていく研究です。

重要なのはそこで得た先人の知恵、メッセージを受け継ぎ、未来へと生かすこと。

今回、みなさんにお話しする「アエノコト」。古い言葉で食べ物のことを、「アエ」や「ニエ」と言います。コトは家など小さい単位で行うおまつりのこと。

石川県の能登には今も、「奥能登のあえのこと」という伝統儀式が残っています。田の神様を家にお迎えしてごちそうでもてなし、感謝を捧げる。その儀式とは少々意味合いが異なりますが、季節の変わり目、体調が狂いがちなときに、旬のごちそうで体を浄化し、エネルギーをチャージする。同時に、次の季節へと進む準備をする。そうした食べ物のおまつり「井戸流・アエノコト」を本書でご紹介します。

これは先人に倣った「ときどき旧暦生活」で、心身を整える機会を持つということです。

日本には昔から、食べることと密接にかかわる多くの行事がありました。食べることは命を育むこと。季節や身体が変化するとき、無事を祈り、〝食〟を重視したまつりや儀式を行ってきたのです。それが今では様々なまつりごとも、ただイベント的な行事として残り、一番大切な儀式の意味が忘れられてしまいました。

なぜその時期、その〝型〟で行事を行うのか、「なぜ」を知ることは、日本人としての自分を知ることにつながります。それは体の中に受け継がれてきた細胞の記憶。意味を知り、暦に沿ってしきたり通りに行うことで、体が喜んでくれる。体が楽になると、安心する。自然の理に沿ったおまじないのようなものです。

先人たちが伝え遺してくれた暦の行事は、生き抜くための技術でもあるのです。

冒頭にご紹介した詩（『逝きし世の面影』渡辺京二著）にあるように、先人たちの生活をみた西洋人たちは、文化を超えてうつくしいと感じました。この本から未来を生き抜くヒントを見つけ、あなた自身のものにしていただきたいと願っています。

二〇一二年　晩秋　　井戸　理恵子

デザイン　石松あや（しまりすデザインセンター）
イラスト　樋口たつの
DTP　野津淳子
撮影　ふくはら毅
　　　おかめ家ゆうこ
編集協力　ドルフィン・コミュニケーション
写真提供　神楽サロン

目次

はじめに

第1部　先人からの伝言～しきたりに込められたメッセージ
～自然のリズムに寄り添い、カミサマと心を通わせ暮らしてきた日本人の知恵～

しきたりは先人からの贈り物　14

暮らしの中のカミサマ　18
日々の暮らしに〝息づくカミ〟
陰のチカラに感謝して過ごす〝おかげ様〟

カミサマと向き合うときの作法　24
日々の感謝と素直な気持ちを届けにいく
凶のおみくじこそ自分を見直すチャンス

カミサマを待つ〝まつり〟　32

カミサマや先祖をお迎えする
清潔にしてカミサマを待つ
〝まつり〟でよいエネルギーをチャージする

季節の節目のおまつり　36

亡くなった人との魂の交流
盆踊りの手の祓い、足運びの意味
エネルギーを充電する特別な日

人生の節目のおまつり　42

感謝と覚悟の「通過儀礼」
健康と成長を祈願する「お七夜」「お宮参り」
7歳までは神の子!?「七五三」
大人としての覚悟を決める「成人式」
白無垢と赤い打ち掛けの意味、実は……「結婚式」
変化のときに心柱を建てる「厄除け」
60年で始めに還る「還暦」
残された人たちの悲しみをやわらげるプロセス「お葬式」

暦が教えてくれること　60
自然とともに暮らす方法「暦」
災害が暦のきっかけ
1年の始まりは冬至から、農耕の始まりは立春から
日本の自然に寄り添う「旧暦」
季節の目安「二十四節気」と「七十二候」
五節供と雑節

第2部　ときどき旧暦で暮らす「アエノコト」
～ふた月に1度、カミサマを迎えてもてなす食のおまつり～

食べ物に感謝してこれからの季節に備える　78
体と食べ物と「陰陽五行説」
アエノコトの日の過ごし方
冬至　甦りの日　88
新たな1年を祝う行事が行われる日

易者が易を立てる日
冬至には柚子湯
滋養を高める食べ物を
冬至のアエノコト　お品書き
自宅で作りたい冬至のレシピ
夏至には朝日を拝もう
春分の日　秋分の日

人日　七種（草）粥を食す日　104
気力がみなぎり、春夏秋冬病なし
人との関係を考える日
七草の効用
人日のアエノコト　お品書き
自宅で作りたい人日のレシピ

上巳　桃の節供「桃」と「雛」と「蛇」　116
ケガレを祓う日
女の子の遊び道具から雛祭りへ
魔を祓う〝桃〟
菱餅はなぜひし形？

上巳・雛祭りのごちそう
上巳のアエノコト　お品書き
自宅で作りたい上巳のレシピ

端午　梅雨の邪気を祓う日　132

菖蒲や薬玉の香気で魔を祓い清める
古くは女の子の節供
菖蒲から尚武、男の子の節供へ
出世の願いを込めた鯉のぼり
柏餅に込められた意味
端午の節供に食べたいもの
端午のアエノコト　お品書き
自宅で作りたい端午のレシピ

七夕　罪穢れを清め技芸上達を願う日　146

お盆の前の禊の儀式
女性の才覚が高まるよう祈りを捧げる日
短冊の意味、お願いごとは……
七夕送りとお盆の行事
お中元とそうめんの由来

七夕におすすめの食べ物
七夕のアエノコト　お品書き
自宅で作りたい七夕のレシピ

重陽　九が重なるおめでたい日　162

陽が極まる日として祝う日
九月は菊
雅な菊のアロマ効果
重陽の節供に食べたいもの
重陽のアエノコト　お品書き
自宅で作りたい重陽のレシピ

おわりに　174

付録　：旧暦カレンダー　179

第1部

先人からの伝言

―しきたりに込められたメッセージ

―自然のリズムに寄り添い、
カミサマと心を通わせ暮らしてきた日本人の知恵―

しきたりは先人からの贈り物

年も押し迫る頃になると、お正月のくるのを指折り数え、初日の出とともに初詣、そしてお年玉をせがみ、羽根つきに剣玉。立春前日、節分には豆まき。花の開花時期に合わせてひな祭りにお花見。夏の宵は花火に盆踊り。秋になるとお墓参りにお月見……。楽しい行事の数々に、幼い頃の懐かしい思い出も甦ってくるようです。

わたしたち日本人は昔からこうした行事を通して、季節の節目を大切に過ごしてきました。これらの多くは一般的に「年中行事」と呼ばれています。

また、ちょっと目先を変えると、人の一生に関わる節目にまつられる行事もあります。七五三や成人式、結婚式、還暦など。これらは「通過儀礼」。人の成長を家族や仲間と祝い、生きていくうえでの覚悟を決めさせるために考えられた行事です。

みなさんも四季折々に、そして人生の節目に、こういった行事とともに暮らしてきているのではないでしょうか。


これらの行事を通して、今の自分を見直し、心身の状態を確認する。

心と体にエネルギーをチャージする。

次の季節へと向かうために体調を整える。

新たな年齢を迎えるために覚悟を決める……。

楽しい行事には、実はこんなにも心と体に良いことが詰まっているのです。本書では、この日本独自の風習に目を向けてみたいと思います。


なぜ、日本にはこのような行事があるのでしょう?

昔からずっと続けられてきた理由は?

どうして、しきたり通りの型で残されてきているの?

意味を改めて聞かれると、答えに困る方が意外とたくさんいらっしゃるのではありませんか。しきたりの型はある程度知ってはいても、「ではどうして、そういうことをするのか?」という意味については、教えられてこなかったように思います。

昔から、日本は自然災害の多い国でした。そんななかで生活しなければならない最大の関心事は、「今年もちゃんと食べ物を確保できるかしら？」ということ。気候の変化に順応し、自然と寄り添いながら、海や山から食べ物を獲得する。これこそが日本で生きていくうえで、一番大切なことだったのです。

縦に長い島国では、さくら前線など、季節の彩りが西から東に向かって移動していきます。同じように、先人たちの厳しい自然を生き抜いてきた技術も、時には季節とともに、西から東へ伝わっていきました。

そしてその土地ごとに、理にかなった「意味のあるもの」だけが、まつりや芸能として脈々と後世へ伝えられてきたのですね。

ところが伝統的な行事やしきたりは、西洋の考え方が入り、暦も変えられるなど、今となっては時代の変化とともに型だけが残り、意味の多くが失われています。

もともと〝まつる〟ということは、しきたりどおりに型を整えて準備すること。「まつり」とは「神待ち」を語源にしているともいわれ、神を待つための準備が、掃除や身の清め方、そしてお料理などの形式に残されているのです。

「形式や型というものが、長い年月をかけて決まったものであるなら、そこにはなんらかの意味がある」と、祖先は当たり前のこととしてその型を守ってきました。その結果、何ごともなければ、それはカミサマのおかげ、祖先のおかげ、ありがたいと感謝してきたのです。

伝統的な行事やしきたりは、いわば祖先がわたしたちに残してくれた、常に誰かが見守ってくれているという安心感につながるもの。先人たちからの、今を生きるわたしたちへの〝安心〟という贈り物とでもいいましょうか。

そこに込められたメッセージを知ることで、わたしたちは自分が暮らしている日本という国の風土と深く向き合える、もしくはみなさんが育った地域と、もっと深く対話できるのではないかと考えました。

まずは、日本人がカミと呼んでいるものの存在、暮らしの中のカミサマ、おまつり、通過儀礼、そして暦……第1部ではそれらを通して、自然豊かな風土に育まれた日本人独特の感性を感じていただきたいと思います。

暮らしの中のカミサマ

日々の暮らしに〝息づくカミ〟

先人たちの感覚に近づき、深く理解するために、わたしたち日本人が普段〝カミサマ〟と口にしてきた存在とは一体何なのか？　というところからお話を始めたいと思います。

それは、たくさんある宗教、たとえばキリスト教やイスラム教など一神教の神とも、インドのヒンズー教や古代ローマやギリシャの神話に出てくる多神教の神とも違うもの。日本でも神社仏閣で八百万《やおよろず》の神々を祀っていますが、それらのカミサマともニュアンスの違う、「暮らしの中のカミサマ」。

特定のものではなく、目に見えるものでもなく、みんなが口にした途端に同じものでなくなる。でも、違うものとも言えない……。何、とは決められない、あいまいな存在として登場することが多い〝感じるカミ〟です。

本書では、暮らしの中に存在する神々を広い意味でとらえるために〝カミサマ〟とカタカナで表記します。


田舎のおばあさんやおじいさん、見知らぬ山奥や海辺裏に住む人々が、古い社や海や山に手を合わせて祈っている姿。ほんの少し前、少なくとも平成の時代になる頃までは、当たり前に見られた光景です。


その人たちに「なんのカミサマに祈っているのですか?」と聞いても、きょとんとされて「カミサマはカミサマだろう?　なんのカミサマかはわからない」と答えたでしょう。

祈っていたのは具体的なカミではなく、漠然としたカミサマだったのではないかと思います。

農業や林業、漁業など自然と関わる仕事に就く人たち、職人のような人は、自分たちが関わる自然を対象としたカミに祈って仕事に向かいます。

また、家々の場所を護るカミの名前も、ただ単に山のカミ、海のカミ、川のカミ、田んぼのカミと答える人もいるかもしれません。

精霊の集合体のようなものとしてとらえる人もいれば、単に自らが意識するすべてのものに感じる人もいるでしょう。


でも、そこにはあやしげな雰囲気などまったくありません。ごく普通に、どこにでも〝感じ〟、〝宿り〟、〝存在〟していた「暮らしの中のカミサマ」。

興味のままに、ほんの少し昔の風景に心を傾けてみてください。

小さな神社や祠《ほこら》、しめ縄の巻かれた大きな岩や木……。それがなぜそこにあるのか、誰が祀ったのか、その「場所」がかつてどういった場所だったのか。

こころ静かに想像してみると、わたしたちの日常のなかにも、祖先と「カミ」との関わりがおぼろげながらでも見えてくるかもしれません。

陰のチカラに感謝して過ごす〝おかげ様〟

カミサマを身近に感じることがない人でも、

「お元気ですか？」

「おかげ様で」

このフレーズ、日常でよく使っていませんか。

元気で暮らせているのは、自分以外のまわりのおかげ様の力。自分以外のすべてのなかに、このおかげ様のもとになるものがあります。言葉にすると、カミサマのおかげ、ご先祖様のおかげ、家族のおかげ……。「わたし、あるいは人間を取り巻くすべてのもの」という意味合いに近いかもしれません。

昔の人は、その陰《かげ》のチカラに感謝して過ごすことで、常に自分たちの暮らしは守られる、そう信じて生きていたのではないかと思います。

わたしはこの日本人特有の挨拶が好きです。

自分が一番ではなく、自分のまわりにいる人たちのおかげで、わたしという人間が

ここに存在しているという価値観。決してエゴイスティックではなく、周囲に自ずと心配りをしてしまう心持ちのようなもの。なんだか、心がほんのり温かくなります。
日本人にとってのカミサマとは、特別な〝なにか〟ではなく、身近にあって、人それぞれに違うもの、信じる向こうにいらっしゃる、感じるカミといえるのではないでしょうか。

カミサマと向き合うときの作法

日々の感謝と素直な気持ちを届けにいく

今を生きているわたしたちがカミサマを身近に感じる場所といえば、やはり神社でしょう。

今年のお正月、初詣に行かれましたか？　初詣は日本人の多くが行っている年始の行事ですが、最近はスピリチュアルブームとあいまって、お正月以外でも神社へのお参りが増えています。

ここでは、神社でカミサマと向き合うときの作法についてお話ししましょう。

鳥居の前でまず一礼。

鳥居の原型は、諏訪の御柱《おんばしら》祭りにみられるような天と地を結ぶ柱で、その柱に横を結ぶ貫《ぬき》や幣《ぬさ》がかけられたものだと思われます。簡単にいえば〝境界〟。縦と横の境界です。時間軸と空間軸を伴っている境界のようにも思えます。

ここでいう境界とは、意識をする場所。わきまえる場所。

鳥居の向こうとこちら側では世界が違って、こちら側は人の世界、向こう側はまた別の世界、いわばご神域《しんいき》。

ですから、鳥居の前に立ったらまず、この別の世界に入るのだという心構えが大切。そしてお手水《ちょうず》で口と手をすすぎます。文字どおり、身も心も清めるということですね。

そして拝殿へ。

拝殿では二礼二拍手一拝。

服装を整え、背筋を伸ばし、二礼。深く頭を下げ、きちんとお辞儀をすることで、気持ちもしゃんとするような気がします。

二拍手。「柏手を打つ」と言います。打つ行為そのものがカミに向かう心得、音を立てて場を清め、ココロの中でものを申（白）すプロローグなのですね。

多くの人は、ここでカミサマにお願いごとばかりしているのではないでしょうか。

神社でのお作法

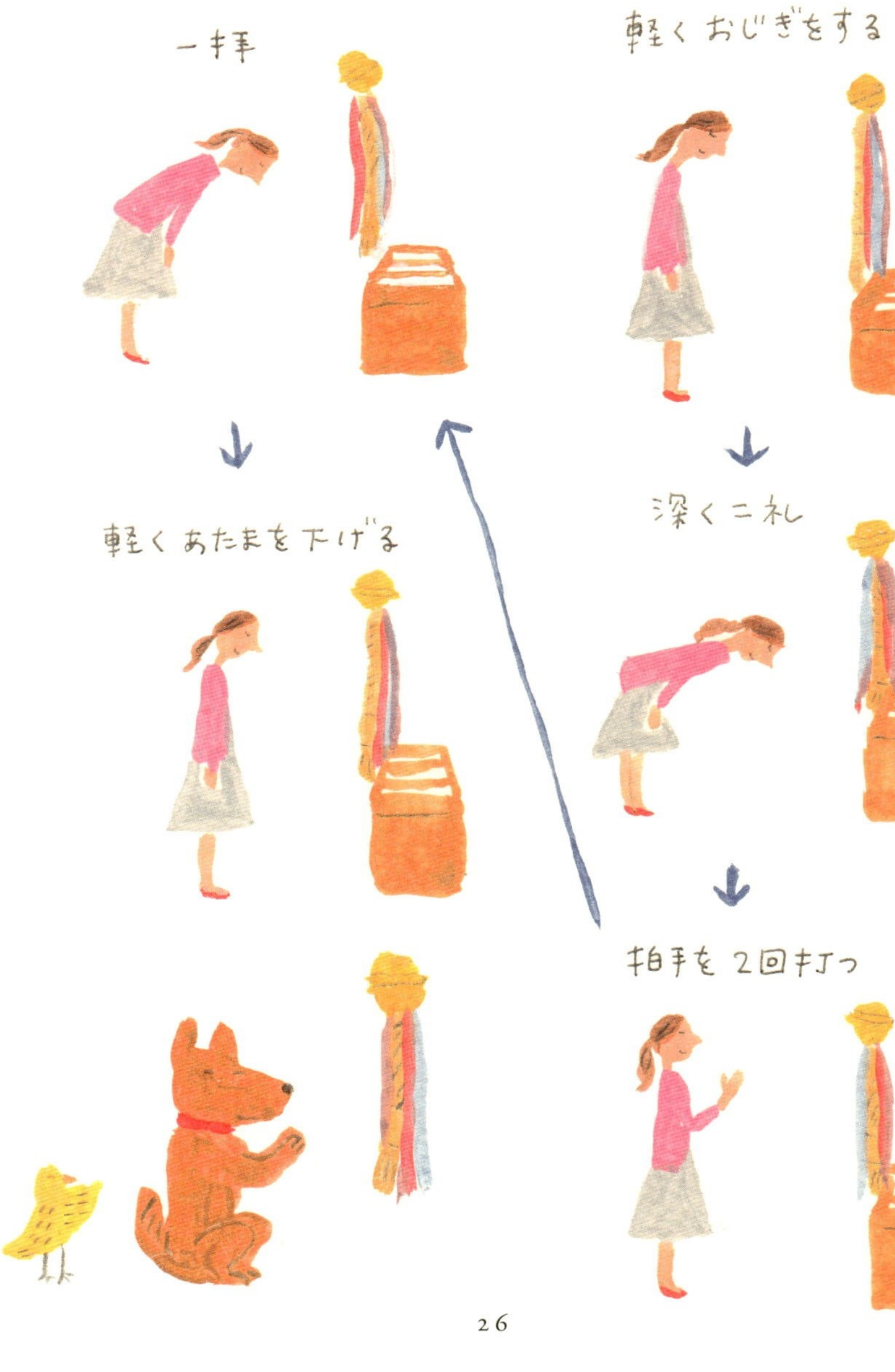

心身を清める気持ちで立つ
右手にひしゃくを持ち水をすくう
左手を清める
左手にひしゃくを持ちかえて
右手を清める
右手にひしゃくを持ち
左手に水を湛える
口をすすぐ
口をつけた左手を清める
ひしゃくを清める
ひしゃくを元に戻す

そもそも神社へのお参りは、カミサマに助けてもらうために行くのではありません。自らの立ち位置を確認する。未来に対して間違っていないか確認する。カミサマに未来について宣言をし、契約を結びにいく、そういったことなのかもしれません。

ですから滞りなく先に進んだときには、お礼参りもかかせません。

縁結びなど、すべてのお参りも同様です。

「わたしに恋人をください！」とお願いするのではなく、「ステキな彼ができますように」と促し、自らの努力にも触れる。

相手がいる場合は「彼が振り向いてくれますように。わたしもがんばります」と願いと覚悟を伝え、勇気をもらう。

そして、契約が成立したら、感謝の気持ちを込めてお礼参りに行きます。最近はほったらかしにしている人も多いようですが、カミサマへのお礼参りは忘れないように。

凶のおみくじこそ自分を見直すチャンス

おみくじはカミサマのご託宣《たくせん》。カミサマの意見であり、忠告のようなものです。

神社へのお参りは非日常であり、カミサマとの対話です。非日常とは、日常がケであるとすれば、日常と区別する意味でハレの日でもあります。ですから、その特別な時間に引いたおみくじは大切に扱うべきもの。吉凶に一喜一憂するのではなく、きれいに折りたたんで財布の中などに入れておきましょう。

とくに凶のおみくじは、カミサマからの戒めとしてありがたく受け入れるべきです。結んで帰るなんてもったいない。今、用心すべきことが書かれているかもしれません。ですからじっくりと向き合う。

気づきがあればしめたもの。気づくか気づかないかで、物事は大きく変化します。気づきがあれば、カミサマとの対話ができたも同然です。おみくじは吉凶の違い、当たる、当たらないではなく、自分への戒めとして謙虚に文字を読み返しましょう。

そして次に神社へ行った折、お札とともに納札所《のうさつじょ》へ納めるか、社務所に「お焚き上げ」をお願いして、お渡しする。

忘れてはいけないのは、どういうことにしろ、お願いをする際の作法です。

わずかでもおさい銭を添えて感謝の意を示すのがよいでしょう。ぶしつけな態度ではせっかくのお参りもむだに終わってしまいます。良い気も引けません。

気を引くというのは、なにも好きな人だけではなく、常に自らのまわりの印象と関係しています。〝良い気を引く〟ということは、きちんとした作法で良い印象をもたらすこと。周囲に気遣いがあっての和みが大切なのです。

きっとこのようにお参りして引いたおみくじは、良い結果をもたらしてくれるはず。

もうひとつ、遠くへお参りに行ったときなどにおすすめしたいことがあります。それはその土地との縁結び。カミに祈るということはその土地の気に触れるということです。

できればその土地のものを食べ、水を飲む。温泉があれば温泉に入る。ぜひとも、宿泊してお参りされるとよいでしょう。一定時間その場にいて、その場の空気に身を浸し、土地のエネルギーをいただくことによってより親近感を得ることができます。

ある意味、お金をその土地に落とすという行為は単なる消費ではなく、繋がりをもつという考え方ですね。

もし神社にお参りして、「なんかここ、好き」と感じられたら、そこには何かしら自分との縁があり、引き寄せられて感じている部分もあるかもしれません。

自分の還る場所ともいうべき街を見つける旅に出かけてみてはいかがでしょうか。

〝縁〟を探すことは、自分自身を探すこと。まずは知らない土地よりも、自分の生まれた土地のカミサマを理解し、意識することからスタートすることをおすすめします。

と言いますのは、意外に知られていないようですが、生まれた土地、あるいは3歳くらいまで過ごした場所に祀られているカミサマを産土《うぶすな》さまといい、今住んでいる場所に祀られているカミサマを氏神《うじがみ》さまといいます。

自分を知るためにも、産土さまと氏神さまを調べて、お参りする習慣をぜひ身につけてください。気持ちよく過ごせるはずです。

カミサマを待つ〝まつり〟

カミサマや先祖をお迎えする

お神輿、盆踊り、屋台……夏祭りや秋祭りなど、神社で行われてきたおまつり。子ども時代の思い出と同時に懐かしく思う人も多いのではないでしょうか。

雛祭りや端午の節供などのおまつりは、子どもの成長のために家単位で行われ、節分などは、その年に役病神がやってこないようにと、町や村単位で行われていました。

今では多くのおまつりが商店街のイベントなどに変化してしまいましたが、本来は、神社やお寺で神さまや仏さまをお呼びして、一緒に遊んで還《かえ》っていただくというもの。

あの世の仏や神を、こちらの世界に呼び戻して、楽しく遊んで還っていただく。そして、また向こうの世界から見守っていてもらうというのは、日本のすべてのおまつりに共通する考え方です。

清潔にしてカミサマを待つ

〝まつり〟とは、カミサマを待つ、心待ちにしている人を待つ……からきている言葉です。どんな心構えで待つの？　何をして待つの？　ここが重要なポイントです。

いつ誰がいらっしゃっても大丈夫なように、とにかく清潔にきれいにお掃除して、食べ物を用意しておく。これが〝まつり〟の基本です。

形がきれいで見慣れたもの、昔から受け継いできたものでないと、カミサマはきてくれません。だから、しきたりどおりに用意を施して待つ。毎年、同じ型で同じものを作って、カミサマがどこに行けばいいか一目でわかるように呼び寄せるわけです。

たとえばお正月。お正月は、その年の歳神様《としがみ》（新しい年の穀物の実りをもたらし、わたしたちに命を与えてくださる神様、いつもわたしたちを見守っている祖先のことをいいます）をお迎えする〝おまつり〟です。

年末に大掃除をして、家の中をきれいにし、毎年同じ型のしめ縄や鏡餅などのお飾りを飾ってお迎えしますよね。今年が良い年となりますように、と。単に「毎年の決まりごとだから」ではなく、意味を知れば心の持ち方も変わってくるはずです。

〝まつり〟で良いエネルギーをチャージする

〝まつり〟で重要なのは、人の心の中をいかに落ち着かせるかということです。政治の政と書いてマツリゴトと読みますね。これは、人々の心の安定をはかり、暮らしの平穏を保つこと。人々の心と暮らしが安定すれば、村や町、国が安定していく。要するに人の心の中にあるものが、次の時代を作っていくのです。

ネガティブな思いが心の中にあれば未来もネガティブに、ポジティブならポジティブな未来になっていく。心の中がいつも楽しいと、次には良いことがあるわけですね。日本では、古くからこの考え方が非常に大切とされてきました。

自分の心にある、ネガティブな感情を払拭したり、しっかりした意識を培うために、さまざまな行事や儀式が行われてきたのです。

〝まつり〟は、自分を知るきっかけであり、自分を立て直す場。〝まつり〟に参加することは、神社にお参りすることと同じなのです。

お正月は歳神様をお迎えする

注連飾りは出入口に

鏡餅は玄関や
奥座敷の床の間に

座敷や床の間がなければ
高めの場所に
東か南に向けて

季節の節目のおまつり

亡くなった人との魂の交流

〝まつり〟のときには、故郷を出た人たちが帰ってきます。滅多にないことです。そして、〝まつり〟に誰か帰って来ているんじゃないかと、会いに行く。

帰ってきたみんなが、集まって楽しんでいる場には、亡くなった人たちも帰ってきています。今を生きる人も先祖たちも、みんなで集まって魂の交流をする。

これは、一緒になって昔の人たちを供養する、先祖供養でもあるのです。

〝おまつり〟で踊りがあるとき、顔を隠して踊っている地域があることにお気づきですか？

たとえば四国・徳島に伝わる阿波踊りのように目深に笠をかぶったり、ほかに、お面をつけたり黒ずきんをかぶって踊るものもありますね。

これだと誰が踊っているかわからないのに、なぜ顔を隠すのでしょう？

実は、わからないからこそ、いいのです。

踊っている姿を見て、「いい腰つきしてるね〜」とか、「あの踊りは誰々さんの踊りにそっくりだよね」と言われたり。「あの世から誰々さんがきているんじゃないか」「宿ってるのかもしれない」、そういう話はよく聞かれます。


秋田の西馬音内《にしもない》という地方には、その名の通り、亡くなった人が帰ってきて踊る「亡者踊り《もうじゃ》」（重要無形民俗文化財）という変わった盆踊りがあります。

亡くなった人が帰ってきても死んだ人とわからないように、生きているわたしたちが笠で顔を隠し、布をかぶる。生きている人と死んだ人が一緒に踊れるように、みんなが楽しく過ごせるようにとの心遣いから施されたものです。

時折、夜も深まってまつりの終盤ともなると、昔の人が子孫に取り憑いたかのごとく、見えることもあるようです。

着物も先祖代々の柄のものを着たり、家紋をつけたり。パッチワークで懐かしい文様が見え隠れしたりと、そのことによって、自分の子孫を探すことができるのです。

亡くなった人と一緒に踊って楽しむ。その思いがいいでしょう?

死んだあとも帰る場所がある。

死ぬときの怖さと寂しさが半減するのかもしれません。

お面といえば、神楽を舞うときは神楽面をつけて踊りますね。そうするとカミサマも降りやすいと言われています。カミサマも顔を隠して降りてこられるようですね。

少し怖い話をしますと、死後の世界や黄泉《よみ》の国では顔つきが変わったり、腐ったりして、恥ずかしくて戻ってこられない亡者もいるとか。そういう亡者への配慮ともいえるのでしょう。

盆踊りの手の祓い、足運びの意味

盆踊りでは、神社の境内や広場で、やぐらを中心にみんなで大きな円を描きながら、音頭に合わせて踊ります。上手な人をお手本に見よう見まねで踊っていたら、だんだん楽しくなって、浴衣が汗でびっしょり。そんな経験はありませんか。

日本各地で行われる盆踊りの踊り方には、パターンがあります。まず手で天の気を受け、地の気を受け、自分に引き寄せて祓《はら》う。どれもみな、基本パターンが同じです。

動作のなかには、いわゆる中国の気功のような意味合いがあり、人間と死者との区別があります。死者は自然の気を受けられないし、体をもっていません。

生きているわたしたちは、死者が戻るときに、つい寂しくなって連れていきたくなる想いを断ち切り、あの世へ持っていかれないよう、自然の力を体いっぱいにいただいてしっかり踊るのです。

それから足の運び方にも独特のパターンがあります。行ってちょっと戻る、またちょっと行って半歩戻る。行きつ戻りつ、エネルギーを溜めて踊ります。

盆踊りもお神輿も同じです。行ってちょっと戻ってエネルギーを溜める。この行きつ戻りつが、日本の文化だとわたしは考えます。

先に進み過ぎたら、ちょっと後ろを振り返ってみる。そしてやっぱりこれでよかったなと確認し、力を取り戻して前へ行く。

盆踊りにはこんな意味があったのです。

今度の夏には、それを思い出しながら踊ってみてください。

エネルギーを充電する特別な日

日々の生活を継続していくためのエネルギー。

そのひとつが、非日常である〝まつり〟なのです。

参加するなかで気分は高揚し、連帯感が強まって、明日への活力を生み出す。

「楽しかったね、来年もやろう」

こうしてまた1年がんばろうと思うのです。

疲れるというのは、日常の同じことの繰り返しでエネルギー（気）がなくなり、気が涸れてケガレてしまうこと。

楽しむことによってこのケガレ（気枯レ）を祓い、元気になるためのエネルギーを充填する特別な日を持つ。それが〝まつり〟なのです。

手の祓いと足運びの意味

天の気を受け、地の気を受け、
自分に引き寄せて祓う。
行ってちょっと戻る。
またちょっと行って半歩戻る。
行きつ戻りつエネルギーを溜めて踊る。
この行きつ戻りつで、日本の文化は育まれた。

人生の節目のおまつり

感謝と覚悟の「通過儀礼」

「七五三」や「成人式」といった、人生の節目に行われている〝おまつり〟。これらは個人の成長過程に伴って行われる人生の通過儀礼としての行事です。

身近にありながらも語られることの少ない、またあまり語り継がれてこなかった、その本来の意味を探ってみましょう。

生まれてから死ぬまで、わたしたちは節目ごとに人生と向き合います。

成人前には両親に守られ、成人してからは自分の中で、これまでの無事に感謝し、これから生きていくうえでの役割は何なのかを考え、自分はこんなふうに生きていかなければいけないと確認して覚悟を決める。

昔は家々や村単位で成長儀礼、通過儀礼があり、みんなでお祝いをしたものです。

現在残っているものとしては、母親が妊娠してから5カ月めの犬の日に行う「安産祈願」、犬の帯から始まり、子どもの頃は「お宮参り」と「七五三」、「成人式」を過ぎると「結婚式」というのが一般的でしょうか。

あとは毎年の節供で、子どもの成長やお稽古ごとの上達を促すというもの。

あなたがこれまでに経験した、またはこれから経験するだろうこれらの儀式には、とても大切な意味があります。たとえば結婚式にしても、当たり前のようになされていることに、実は驚くような意味が隠されているのです。

昔から伝えられ、残念ながら今は消えてしまっている人生の通過儀礼の意味を中心に紹介してまいりましょう。

健康と成長を祈願する「お七夜」「お宮参り」

子どもが産まれて7日めをお七夜といい、家に親戚などを呼び集めて命名式をしたり、家族でお宮参りをしていました。

お宮参りは、初めて赤ちゃんが産土さまに参拝するので「初宮詣《はつみやもうで》」ともいいます。無事に出産を終えた感謝とともに、「今後この子に災いがありませんように」とカミサマに健康と成長を祈願する行事です。

お宮参りは本来、子どもが産まれて7日目でしたが、現在では男児は32日め（または31日め）、女児は33日めに行う地方が多いようです。

これは産みの忌み期間（1カ月）が過ぎてから、といわれています。

子どもを産む行為そのものが血の不浄と考えられ、血の不浄にさらされている期間、女性は神社へ入ってはいけなかったのです。

昔は血の汚れが消える7日めくらいでも妊娠する女性はいたのかもしれませんが、今は子どもをたくさん産まなくなり、産後の養生のために変わっていったのでしょう。昔の人は今よりも丈夫だったのでしょうね。

7歳までは神の子!?「七五三」

3歳・5歳・7歳に行う行事のことです。

そのまんま
やん…

子どもはとくに7歳までは命を落としやすいといわれていて、そのためにマツリゴトをしました。七五三の儀礼は、子どもの厄払いでもあります。

なぜ七五三か。昔は15歳で大人とみなされました。十五夜お月さまと同じ、いわば「完成」。それまでの未完成の時期は、とかくあぶないのです。

そんな中、3歳・5歳・7歳は、陽数の年齢（82ページ参照）。陽数のときはとくに力が強くなるので祀っておくのです。

「7歳まで子どもは神の子」とされ、人の管轄ではないという考えがあったことにも要因があります。7歳まで生きられるかどうかによって、人になれるかなれないかが決められる。7歳までは神の領域で判断されるのだという考え方がありました。

7歳を超えたら、自分の身は自分で守る自覚が芽生えるとして、初めて社会の一員と認められるようになったようですが、社会人となるために、絶対必要な通過儀礼が七五三だったのです。

それぐらい、小さいうちに亡くなる子どもが多かったのでしょう。ですから、その子自身にも家族にも災厄《さいやく》がかかることなく、無事にすべての儀礼を終えるように祈願されたのです。

日本の年齢の数え方は、満年齢に誕生日前の人は2歳、誕生日を過ぎた人は1歳を足した〝数え年〟でした。誕生日ではなく、お正月になるといっせいに1つ年をとるという考え方からです。ですから大晦日のことを〝年取り〟ともいいました。

七五三も数え年でお祝いするのが伝統ですが、今は誕生日から数える満年齢で行うことも多くなりました。

参拝日は11月15日。女の子は3歳・7歳、男の子は5歳・7歳で神社にお参りに行き、成長に感謝し、健康を祈願する。そして年齢分の本数が入った長寿祈願の千歳飴をお土産に、記念写真を撮って……という経験をされた人も多いと思います。

江戸時代は、3歳の男女が髪を伸ばし始める「髪置《かみお》き」、5歳の男児が袴を着用し始める「袴着《はかまぎ》」、7歳の男女が大人と同じ帯を締める着物に変える「帯解《おびと》き・紐解《ひもと》き」とそれぞれの成長の過程を確認しながら行う祝いの儀式でした。

江戸時代までは、帯を結ぶ儀式というのもありました。帯の結び方が3・5・7歳と年齢を経るごとにだんだん複雑になっていくというものです。

それによって、男の子も女の子も自分の成長を自覚する。地方や古い伝統を重んじる家では、こうした儀礼を行っているところもあるようです。

大人としての覚悟を決める「成人式」

大人の仲間入りを社会から公認してもらい、祝う儀式です。ところが残念なことに今では、各地で行われる成人式の式典でその混乱ぶりが報道されています。

成人式といっても、20歳になったら大っぴらにお酒が飲める、煙草を吸っていいというぐらいのとらえ方がほとんどだからかもしれませんね。

「成人式」は人生の成長過程で大切な通過儀礼のひとつです。これまで育ててもらった親や地域社会に感謝し、自らの成長を感謝し、成人したことを神前に奉告する。

奈良時代以降は14歳ぐらいで、元服という髪型や服装を大人のものに改める男子の成人となる儀式が行われていました。刀を持たせる、狩りに行く、家を守る、家族を守る。男子にはそういう大人としての覚悟を決める気構えが必要だったからです。

また女子は、前髪を結いあげたり、江戸時代には初潮を迎える12～16歳ぐらいの成女式で幼名から大人の名前に改名することもありました。

北海道のアイヌには、自分が子どもの頃から可愛がって育ててきた熊を殺すという〝イ・オ・マンテ〟と呼ばれる儀式が伝わっています。生と死に対する観念、そして自分たちは他の命を犠牲にして食べ物を得、生きているんだと学ぶ貴重な儀式でした。

江戸時代まで各地に残っていた成人した男子が狩りに行く儀式にも、似たような価値観があったのでしょう。食べることは、他の生命の命をもらい、家や家族を護るということなのだという意識とともに。

通過儀礼の本来の意味は命がけであり、もっと真剣に、得ることのなかから見出すことだったのではないでしょうか。

白無垢と赤い打ち掛けの意味、実は……「結婚式」

結婚式は本来、2人が結ばれたことを感謝し、平和な家庭を築いて子孫繁栄をはかっていくことを神前に誓う厳粛な儀式。新しい人生の第1歩を踏み出す門出の祝いです。

和装の場合、花嫁は白無垢と呼ばれる真っ白な花嫁衣裳を着ますね。〝白〟という色は、現代では真っ白のまま嫁ぐ、相手の家の色に染まるようにという説明が一般的です。しかし、実は本来の意味はそうではありませんでした。

時代を経て消えていった、本当の意味をご紹介しましょう。

古来、日本では色や模様はそれだけで意味を成すと考えられていました。赤色はエネルギーが強く、隙のない麻の葉やカゴメの模様も魔を退散させると信じられ、厄除けに使われていました（54ページ・56ページも参照）。

和装の結婚式は、白無垢を着て綿帽子をかぶります。綿帽子の下には〝角隠し〟がありますね。〝角隠し〟は、分金高島田に結った髪の上に飾る白い帯状の布のこと。〝角〟を隠しているわけです。〝角〟のはえたものは鬼、鬼はあの世のものの象徴です。

白無垢を着て綿帽子で顔を隠してお参りにいくのは、死んだ人が帰ってくるのと同じ。それが、次に色打ち掛けに着替えて出てきた時点で、〝角隠し〟が取れます。〝角〟がなくなり、生まれ変わるのです。

色打ち掛けの赤色は生まれ変わった赤ちゃんであり、血液の象徴。その赤い血を身体に取り入れて甦るわけです。お色直しで赤い色打ち掛けを着る意味がここにありました。

ですから白い衣裳を着たら、赤い色の衣裳も着る。もしくはどこかに赤い色を使う。でないと、生まれた家の子として死んで、嫁いだ先でも死んだまま鬼でいることになるので、嫁ぎ先でうまくいかなかったり、かかぁ天下になるといわれていたようです。自分が生まれた家の娘としてはいったん死に、そして新たに血を入れて甦り、嫁ぐ家で生きるという考えです。

結婚式は本来、死と再生の儀式だったといえるのではないでしょうか。

だとすると、白いウエディングドレスで赤い絨毯の上を歩くキリスト教のカソリックの結婚式にも同じような意味があるのかもしれません。

親の想いと鶴亀のデザイン

長寿の代名詞「鶴は千年、亀は万年」。
花嫁衣装にある鶴亀の本来の意味は、鶴は天、空、亀は大地。
天は動き変わるもの、大地は不動で変わらないもの。
実家は変わらないもの。
娘がお嫁に行き、嫁ぎ先で何かあったときには、
鶴が空を飛んで実家に伝えにきてくれるという言い伝えがある。
鶴は長寿を願う以外に、娘を守ってくれるものという
嫁がせる親の想いが織り込まれている。

変化のときに心柱を建てる「厄除け」

厄年は中国の陰陽道を起源とし、『神農本草経《しんのうほんぞうきょう》』や『黄帝内経《こうていないきょう》』といった中国の古い東洋医学系の文献には、女性は7の倍数の年齢、成長の遅い男性は8の倍数の年齢が体調の変わり目と書かれています。

日本でも平安時代にはすでに、災難を受けないための祈祷が盛んだったようです。

厄年は体が変わり、世間の待遇が変わってくる節目のとき。人生の転換期であり、心身ともに調子を崩しやすい年齢であるため、今でも多くの人たちが意識しています。

数え年で、女性の大厄は33歳。仕事をしていれば忙しくなり、子どもがいれば子育てなど、30代になると急に環境がかわり、自分の体が変化する時期です。

男性の大厄は数え年で42歳。この時期に役職についたり、重要な役割を任されたり。60歳の還暦は最後の厄年で、米寿（88歳）、白寿（99歳）も節目、変化のときです。

厄年に神社へ行く厄除けのお参りは、自分自身をしっかりさせるためにあります。

数え年とは？

生まれた時点で1歳とするのが数え年。その後は、お誕生日ではなくて、お正月がきたら1歳年齢を重ねる数え方をします。

その年のお誕生日前
実年齢＋2歳

その年のお誕生日後
実年齢＋1歳

男性の厄年、女性の厄年

	男性	女性
厄	25歳	19歳
前厄	41歳	32歳
大厄	42歳	33歳
後厄	43歳	34歳
厄	61歳	37歳

厄年とはよくいったもので、やはり年齢的に一番安定せず、なにかしら不安を呼び起こす時期。こうした時期に必要なことは自分のこころの中の柱がきちんと整っているかどうか。まっすぐ整っていればおかしなものが寄ってこない。不安も感じない。

たとえば「風邪をひく」といいますね。この「ひく」という言葉にも意味があります。なんのことはない、自分が風邪を引き寄せているのだというとらえ方です。

悩みの多い時期でもあるので、自分の気持ちや問題を見つめ、気持ちを安定させることができれば大丈夫。神社やお寺へは自分自身にけじめをつけるため、自分の中に心柱《しんばしら》をしっかり建てる覚悟をすべく、お参りに行ってみてください。そして厄が明けたら、無事過ごせましたと、お礼のお参りを忘れないように。

60年で始めに還る「還暦」

平成二十五年は巳年。干支（えと）はみなさんおなじみですよね。一般的には子《ね》、丑《うし》、寅《とら》と一文字で使われていますが、干支とは本来、子から亥までの「十二支」と「十干」で構成されるもの。平成二十五年は癸巳《みずのとみ》。

あまりなじみがないのですが、十干は「甲《きのえ》、乙《きのと》、丙《ひのえ》、丁《ひのと》、戊《つちのえ》、己《つちのと》、庚《かのえ》、辛《かのと》、壬《みずのえ》、癸《みずのと》」と10種類。この十二支と十干を重ねて60年をひと回りとしたのが、干支です。数え年の61歳を「還暦」と呼んでお祝いするのは、誕生してから60年が経ち、十干十二支（つまり干支）が一巡して、生まれた年と同じ干支になるから。

お祝いの宴には赤いチャンチャンコや赤い帽子をかぶり、赤い座布団に座ります。赤ちゃんに戻り、生まれ変わった気持でこれからの人生を過ごしてほしいという意味です。赤いチャンチャンコには、結婚式の赤い打ち掛けと同様、魔よけと甦りの意味もあるのですね。

ちなみに阪神甲子園球場は「甲子《きのえね》」という干支の始めの年に完成、60年にひと回りの十二支十干の最初の年で縁起がいいと名づけられたとか。戊辰戦争や壬申の乱も同じ由来です。60年ひと単位なので、歴史的なことを言い表すのにも、ちょうどわかりやすかったと言えますね。

残された人たちの悲しみをやわらげるプロセス「お葬式」

葬送儀礼《そうそうぎれい》は、その人の身のまわりのものと一緒に送ってあげて、こちらの世界と気持ちを断つという意味があります。

お棺の中に生前着ていた着物とお金を入れます。洋服もお布団も、亡くなった人のものは、できるだけ残しておかないほうがいい。

形見分けで、身内にひとつずつ分ける程度ならいいのですが、その形見がいざこざを起こす原因になるので、できれば全部焼いてしまったほうがいいともいえます。人の意識や想いが籠ると、美しいダイヤでも醜いものに変わってしまう。

とくに布団は絶対に焼いておかないと、亡くなった人が寝に帰ってきてしまうと言い伝えられている地方もあります。

アイヌの世界では、そのあたりのことが潔くとらえられていました。この世で一番良くないものは人の執着であると彼らは言います。ですから、遺族のためにも、遺産になるようなものは遺してはいけない。

執着があるといさかいが起きるから、亡くなった人のものは家ごと燃やしてしまうというしきたりがありました。

暦が教えてくれること

自然とともに暮らす方法「暦」

この章の最後にお話しするのは、暦のことです。

先人の知恵を知るには、暦はとても重要です。新年を前に神社から送られてくる暦。書店にも並んでいますが、実際に活用している人は少ないかもしれません。

ですが、暦をひとつの基準にして、日本の文化は成り立っているといっても過言ではありません。暦がなぜ生まれてきたかを知ると、その理由がわかりやすいでしょう。

災害の多いこの国では、自然を受け入れることが生きる術でした。四季の移り変わりのなかで自然と上手に関係を結ぶこと、その方法を記したものが暦の始まり。つまり生きる術をわかりやすく記したのが暦でした。

自然を受け入れるには、まず自然を知らないといけません。空を見て、大地を見て、自然界で起こるさまざまなことをよくよく観察して分析する。

それが、大陸から伝わって平安の頃から活用された「天文学」と「陰陽道」です。星と空を観察する天文学、自然科学的な現象を分析する陰陽道。

昔は、人間の起こしたこと以外は神さまが示されたこと、「呪い」などといわれていましたが、それは単なる迷信ではありません。観察して、分析して、自然現象に法則性を見い出していったのです。

天文学も陰陽道も、実はとても科学的なもの。その先人たちの〝緻密な情報〟が、物語や言い伝えとして遺されたり、神社に災害記録のような形で奉納されていました。

16ページでもお話ししましたが、自然災害の多い日本で、まず重要だったのが食べ物の不安をなくすこと。

生きることは食べること、国の安定とは食べ物があること。

食べ物が安定的に庶民から貴族へ、国の中枢へ献上されることが最重要課題でした。

それにはきちんと収穫できること。四季が移り変わり、気候が変化するなかで、暮らしの経験から、種植えはこの日までに、収穫はこの時期になど、知らなければなりません。

庄屋のような人は、その集落を護るために、さまざまな方法を用いて先祖代々のその土地で暮らす知恵を小作人などに示したことでしょう。

また、国を治める宮中としても、国を安定させるため、農耕民に収穫を得てもらい、年貢を納めてもらう必要がありました。農耕民は食べ物を生み出す国の宝＝大御宝《おほみたから》でしたから、彼らの労働力なくしては、国の財源は底を尽き、滅びてしまいます。

ですから、農民たちの知恵の及ばないところ、とくに災害や病で多くの人が亡くなったときなどは、「こういう自然の状況のときは注意が必要」といった情報を各地で共有するためにも、天文学や陰陽道に精通する人々の知見をもって、季節ごとの農耕を円滑にする方法などを研究し、書き示して人々に配っていたのです。

災害が暦のきっかけ

では暦そのものは、いったい、いつ頃から必要とされるようになったのでしょうか。

実は3・11の東日本大震災以降、みなさんもたびたび耳にされるようになった、「貞観年間（平安時代の前期859年から877年ごろ）」の災害をきっかけとして、より必要とされるようになったと考えられています。

貞観年間は、幼い天皇が即位され、幼い故に国を治める力がないことが国に多くの災厄をもたらしたと考えられ、日本国中の神社仏閣で神官や僧侶が国と宮中の平安を祈ったといわれています。この時代以降、宮中と庶民の中継点として重要だったのが、各地の神社や仏閣でした。

神社仏閣では、24ページでも触れましたように、年の終わりや始めに配られるお札と一緒に、その年の生活の基点や指針ともされた「暦」が配されるようになりました。

しかし当時はまだ文盲の人が多く、暦を読むことができません。

そこで、地域を仕切っていた豪族や庄屋が、暦をたよりに行事やまつりを行って、暦の知恵を農耕民たちに知らしめていました。つまり暦には、日本のような厳しい自然環境を生き抜いていくための情報がつまっていたのです。

1年の始まりは冬至から、農耕の始まりは立春から

人の運勢という視点では、太陽が甦る冬至が1年の始めとされていましたが、農耕を中心に考えられていた暦の上では、1年の始まりは立春からとされていました。

立春は春の始め、農耕のスタート時期。暦は立春を基準にさまざまな行事がもうけられています。

68ページ、74ページでお話しする「二十四節気」や「雑節」も立春が起点。雑節の節分は立春の前日、「八十八夜」は立春から数えて88日め、種まきの時期にあたり、「二百十日」は立春から210日めで、稲の大切な開花時期ですが、台風が多いので注意が必要な日です。人々が自然を観察し、暮らしの経験から残し伝えてきたこと、それが暦に記されています。

ここからもわかるとおり、日本人はとても科学的で、暦はとても実用的なのです。まずは農耕を基準にして、さらに四季を通したさまざまな歳時記や行事が生きるための術として暦に記され、伝えられました。ですから、日本人の知恵がつまっている暦を見れば、日本人の暮らし、文化がわかるというわけです。

日本の自然に寄り添う「旧暦」

現在、わたしたちが使っている暦＝カレンダーは、西洋社会を発祥とするグレゴリオ暦（太陽暦・新暦）です。明治以降に導入されました。

よく耳にする「旧暦」とは、それ以前に使われていた暦のこと。太陽暦が一般的に導入される前の暦＝中国伝来のものを日本で改良した「太陰太陽暦」のことです。

農耕において、季節を把握することはとても重要。古く使われていた太陰暦は、月の運行をもとにしていて太陽の動きとは関係なく、1年は約354日と短いため、日にちが経つほど暦と季節がずれていく。これでは天候の変化が予測しにくく、種まきや収穫によい時期を示すことができません。

そこで月の動きに加えて、農耕に重要な太陽の動きも観察し、1年のひと巡りを把握して、整理して、もっと人々の生活に役立つ暦ができないかと、暦は改良されてきました。

太陽と月の巡りをバランスよく取り入れ、日本の自然に寄りそっているため、わたしは季節の行事を旧暦に沿って行うようにしています。

暦の種類

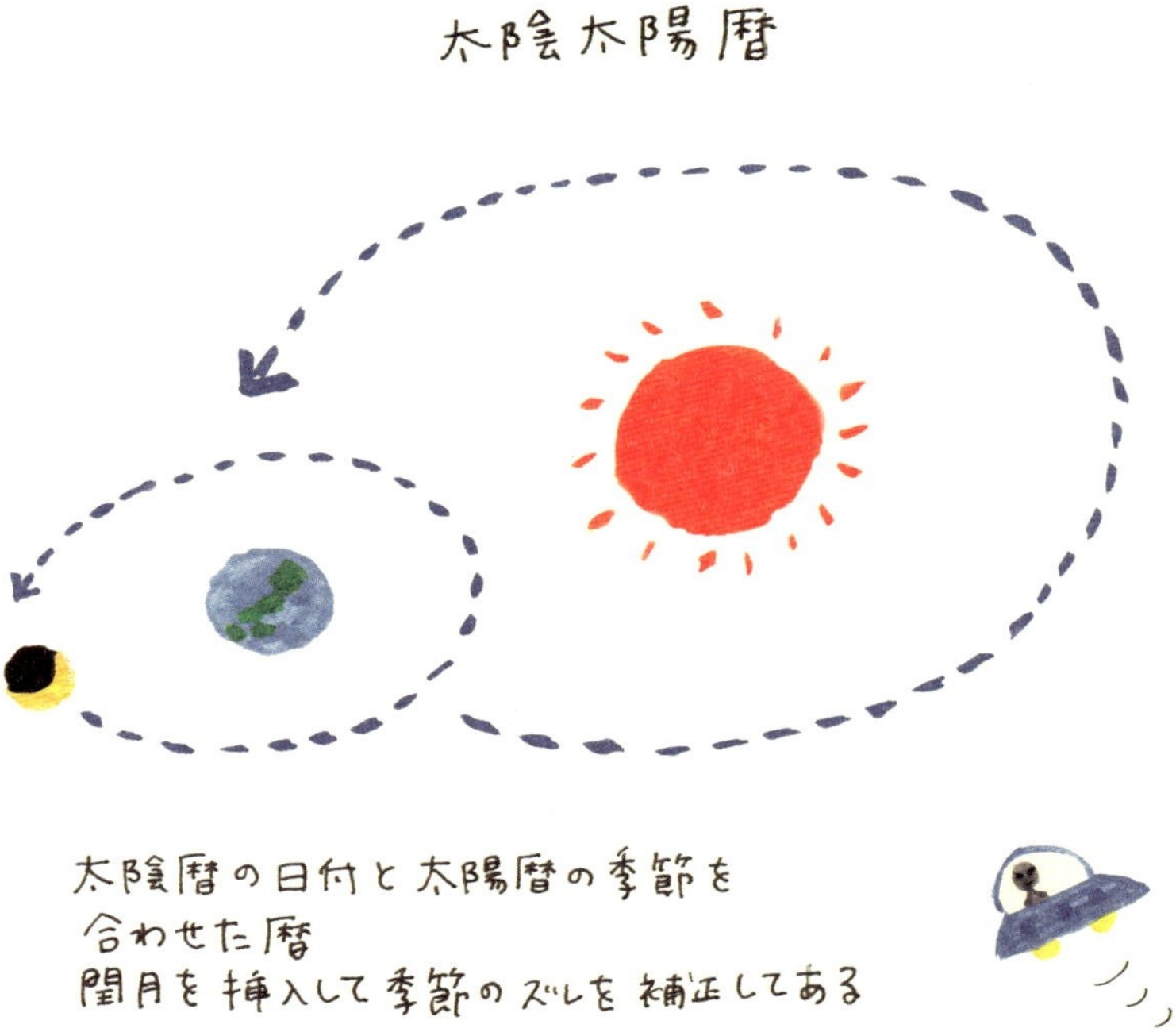
太陰太陽暦
太陰暦の日付と太陽暦の季節を
合わせた暦
閏月を挿入して季節のズレを補正してある

太陰暦の季節のズレを解消するため、月の運行と共に太陽の動きを加味して考えられた暦。

日本のように四季がある国では、暦の日付と季節がずれると、農耕の目安としては不便。

そこでひと月の長さを月の動きによって、1年の長さは太陽の動きから導き出し、季節のズレは19年に7回、「閏月《うるうづき》」を入れて調整（その年は1年が13カ月）。

太陽暦が導入されるまで、1000年以上もの間、繰り返し改良され、使われ続けてきた。

このほか、さらに季節を知る目安として、68ページの二十四節気や七十二候が用いられた。

太陽暦　太陽の運行を元に季節を読み解いた暦

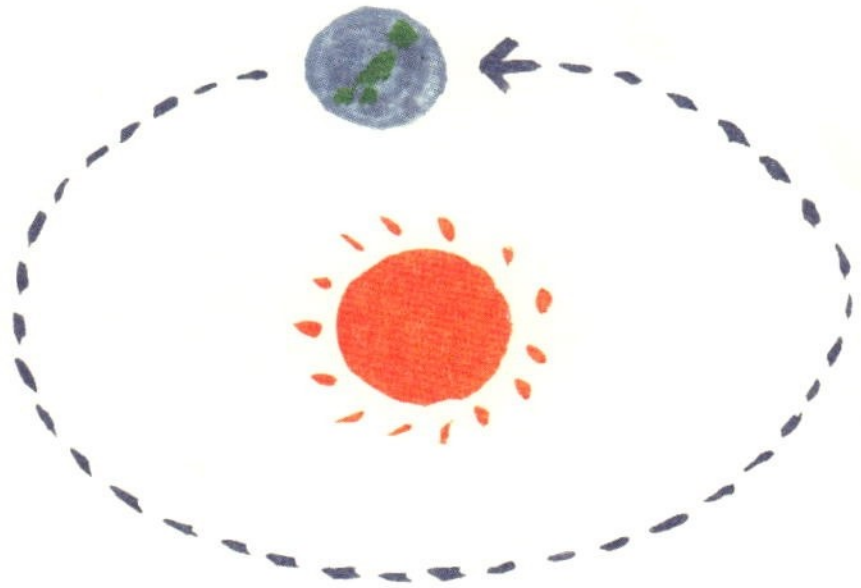

現在、最も広く使われている暦。地球が太陽を1回りする周期を1年とし、季節の流れに忠実。日本では1872年に導入。4年に1度生じる誤差は「閏日」で調整。月の巡りとは無関係に日付が進むので、潮の満ち引きはわかりにくい。

世界で最初の太陽歴は紀元前2900年前後の古代エジプト暦。

現在の世界標準暦（日本も同じ）は1582年に制定されたグレゴリオ暦。

太陰暦　月の満ち欠けで日付を数える暦　季節は関係ない

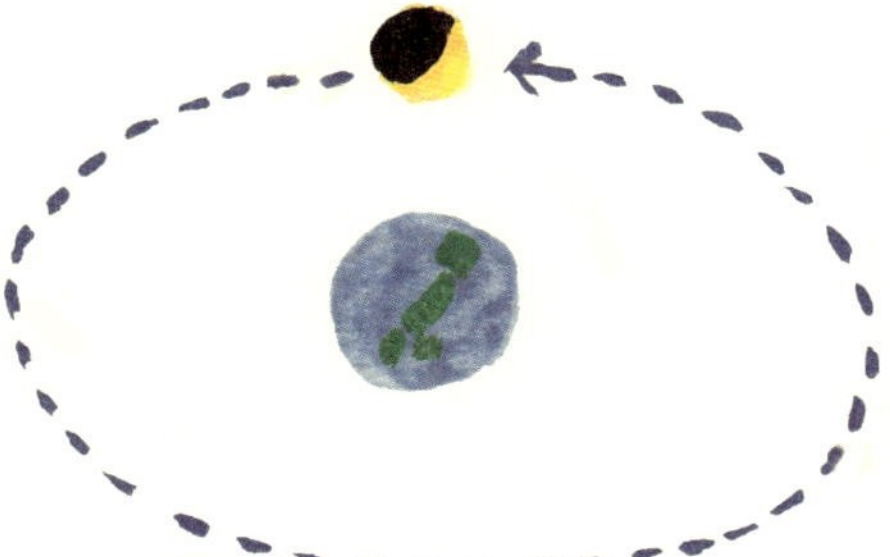

月の満ち欠けを基準にした暦。新月を1日（ついたち）とし、次の新月までを1カ月とする。1カ月の日数は交互に29日と30日、1年の日数は354日。実際の365日より11日短く、3年で1カ月の誤差が出る。月と季節がずれていくため季節を知る目安にはならない。

イスラム教では今も太陰暦。

季節の目安「二十四節気」と「七十二候」

春・夏・秋・冬、日本には四季があり、日本人は季節の変化に寄り添いながら暮らしてきました。ただ、月の満ち欠けを基準にした旧暦だと季節の変化がわかりにくい。そこで季節を知る目安として取り入れられたのが「二十四節気《にじゅうしせっき》」と「七十二候《しちじゅうにこう》」。立春、春分、冬至などは今でもおなじみですね。文字どおり、1年を24等分し、季節の巡りをわかりやすくしたものです。

そもそもは古代中国で考えられた旧暦のひとつなので、現代の新暦と照らし合わせると、早すぎる感があります。たとえば、まだ暑くても「処暑（「暑さおさまる」という意味）」、雪が降らなくても「大雪」など。季節の先取りというか、これから来る季節への気構え、備えとして参考にするといいかもしれません。

そして、二十四節気をさらに3等分し、5日ごとに季節を表す言葉で表したのが「七十二候」。季節を大地の動き、花や鳥などで表現していて美しく、風流です。東風解凍《とおふうこおりをとく》、螻蟈鳴《ろうこくなく》、涼風至《りょうふういたる》、水始氷《みずはじめてこおる》……、豊かな言葉で思いをはせると、季節が日々移ろっているのだと感じますね。

1年を24分割した季節の巡り

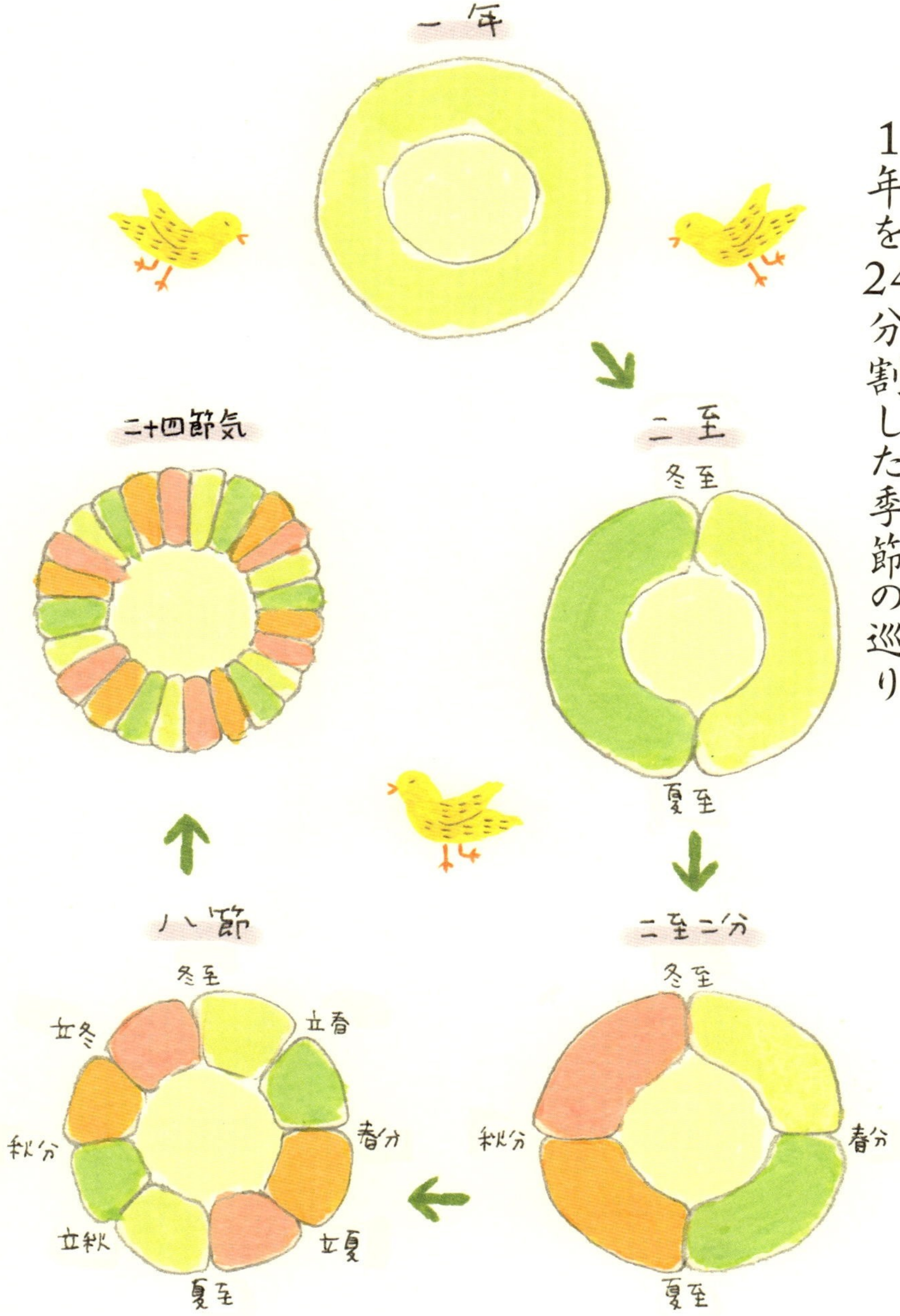

春

季節	二十四節気	日取り（頃）	節気の意味	七十二候・日取り	中国（宣明暦《せんみょうれき》）	
初春	立春《りっしゅん》	二月四日	暦の上で1年の始め、春の気配が感じられる	二月四日〜八日	東風解凍《とおふうこおりをとく》	東風が氷を溶かし始める
				二月九日〜十三日	蟄虫始振《ちっちゅうはじめてふるう》	冬ごもりの虫が動き始める
				二月十四日〜十八日	魚上氷《うおこおりをのぼる》	薄くなってきた氷の上に魚が飛び出る
	雨水《うすい》	二月十九日	雪や氷が溶けて雨、水に変わる	二月十九日〜二十三日	獺祭魚《たつうおをまつる》	獺が捕えた魚を並べて食べる
				二月二十四日〜二十八日	鴻雁来《こうがんきたる》	雁が飛来し始める
				三月一日〜五日	草木萌動《そうもくほうどうす》	草木が芽生え始める
仲春	啓蟄《けいちつ》	三月六日	冬ごもりしていた虫たちが土の中からはい出してくる	三月六日〜十日	桃始華《ももはじめてはなさく》	桃の花が咲き始める
				三月十一日〜十五日	倉庚鳴《そうこうなく》	鶯が鳴き始める
				三月十六日〜二十日	鷹化為鳩《たかけしてはととなる》	鷹が郭公《かっこう》の姿に変わる
	春分《しゅんぶん》	三月二十一日	春のなかば。昼と夜の長さがほぼ等しくなる	三月二十一日〜二十五日	玄鳥至《げんちょういたる》	燕が飛来する
				三月二十六日〜三十日	雷乃発声《かみなりすなわちこえをはっす》	雷の音がし始める
				三月三十一日〜四月四日	始電《はじめていなびかりす》	始めて稲光が発する
晩春	清明《せいめい》	四月五日	万物が若返って生き生きとし、さまざまな花が咲く	四月五日〜九日	桐始華《きりはじめてはなさく》	桐の花が咲き始める
				四月十日〜十四日	田鼠化為鴽《でんそけしてうずらとなる》	田ネズミが鶉になる
				四月十五日〜十九日	虹始見《にじはじめてあらわる》	虹が現れる
	穀雨《こくう》	四月二十日	穀物の生長をうながす雨が降る	四月二十日〜二十四日	萍始生《うきくさはじめてしょうず》	浮き草が生え始める
				四月二十五日〜二十九日	鳴鳩払其羽《めいきゅうそのはねをはらう》	鳴鳩《いかる》が羽を払う
				四月三十日〜五月四日	戴勝降于桑《たいしょうくわにくだる》	郭公が桑の木に止まって蚕を生む

夏

季節	二十四節気	日取り（頃）	節気の意味	七十二候・日取り	中国（宣明暦《せんみょうれき》）	
初夏	立夏《りっか》	五月五日	初夏、茶つみの始まる八十八夜のころ。夏の気配	五月五日〜九日	螻蟈鳴《ろうこくなく》	雨蛙が鳴き始める
				五月十日〜十四日	蚯蚓出《きゅういんいず》	蚯蚓《みみず》が出始める
				五月十五日〜二十日	王瓜生《おうかしょうず》	からすうりの実がなり始める
	小満《しょうまん》	五月二十一日	緑がみちあふれるころ	五月二十一日〜二十五日	苦菜秀《くさいひいず》	苦菜がよく茂る
				五月二十六日〜三十日	靡草死《びそうかる》	田に生える春の草が枯れ始める
				五月三十一日〜六月五日	小暑至《しょうしょいたる》	暑くなり始める
仲夏	芒種《ぼうしゅ》	六月六日	梅雨入りのころ、田植えが盛んになる	六月六日〜十日	蟷螂生《とうろうしょうず》	蟷螂が生まれ出る
				六月十一日〜十五日	鵙始鳴《もずはじめてなく》	百舌が鳴き始める
				六月十六日〜二十日	反舌無声《はんぜつこえなし》	鶯が鳴かなくなる
	夏至《げし》	六月二十一日	太陽が最も高く昇り、1年で昼が一番長くなる	六月二十一日〜二十六日	鹿角解《しかのつのおつ》	鹿の角が落ちる
				六月二十七日〜七月一日	蜩始鳴《せみはじめてなく》	蝉が鳴き始める
				七月二日〜六日	半夏生《はんげしょうず》	烏柄杓が生える
晩夏	小暑《しょうしょ》	七月七日	暑さが厳しくなってくる。梅雨明けのころ	七月七日〜十一日	温風至《うんぷういたる》	暖かい風が吹いてくる
				七月十二日〜十六日	蟋蟀居壁《しつしゅつかべにおる》	きりぎりすが壁で鳴く
				七月十七日〜二十二日	鷹乃学習《たかすなわちがくしゅうす》	幼い鷹が飛び方を習う
	大暑《たいしょ》	七月二十三日	夏の暑さが極まる	七月二十三日〜二十八日	腐草為蛍《ふそうほたるとなる》	腐った草が蒸れて蛍となる
				七月二十九日〜八月二日	土潤溽暑《つちうるおいてあつし》	土が湿って蒸し暑くなる
				八月三日〜七日	大雨時行《たいうときにゆく》	時に大雨となる

秋

季節	二十四節気	日取り（頃）	節気の意味	七十二候・日取り	中国（宣明暦《せんみょうれき》）	
初秋	立秋《りっしゅう》	八月八日	暦の上ではほんのり秋の気配	八月八日〜十二日	涼風至《りょうふういたる》	涼しくなる
				八月十三日〜十七日	白露降《はくろくだる》	朝露が降り始める
				八月十八日〜二十二日	寒蝉鳴《かんせんなく》	つくつくぼうし鳴き始める
	処暑《しょしょ》	八月二十三日	暑さがおさまり、朝夕はしのぎやすくなる	八月二十三日〜二十七日	鷹乃祭鳥《たかすなわちとりをまつる》	鷹が捕えた鳥を並べて食べる
				八月二十八日〜九月一日	天地始粛《てんちはじめてしじむ》	暑さが鎮まってくる
				九月二日〜七日	禾乃登《かすなわちみのる》	稲が実る
仲秋	白露《はくろ》	九月八日	朝、草花に白露が宿る	九月八日〜十二日	鴻雁来《こうがんきたる》	雁が飛来し始める
				九月十三日〜十七日	玄鳥帰《げんちょうかえる》	燕が帰る
				九月十八日〜二十二日	羣鳥養羞《ぐんちょうしゅうをやしなう》	多くの鳥が食べ物を蓄える
	秋分《しゅうぶん》	九月二十三日	秋の彼岸の中日。昼夜の時間が同じ	九月二十三日〜二十七日	雷乃収声《かみなりすなわちこえをおさむ》	雷が響かなくなる
				九月二十八日〜十月二日	蟄虫坏戸《ちっちゅうとをとざす》	土の中の虫が穴を塞ぐ
				十月三日〜八日	水始涸《みずはじめてかる》	田畑の水を干し始める
晩秋	寒露《かんろ》	十月九日	秋が深まり、朝晩はさわやか	十月九日〜十三日	鴻雁来賓《こうがんらいひんす》	雁がやってきて来賓となる
				十月十四日〜十八日	雀入大水為蛤《すずめたいすいにいりてはまぐりとなる》	雀が海に入って蛤になる
				十月十九日〜二十三日	菊有黄華《きくにこうかあり》	菊の花が咲き出す
	霜降《そうこう》	十月二十四日	北国や高地では霜がおり始める	十月二十四日〜二十八日	豺乃祭獣《さいすなわちけものをまつる》	山犬が捕えた獣を並べて食べる
				十月二十九日〜十一月二日	草木黄落《そうもくこうらくす》	草木が黄色くなり落ち始める
				十一月三日〜十一月七日	蟄虫咸俯《ちっちゅうことごとくふす》	土の中の虫がみな動かなくなる

冬

季節	二十四節気	日取り（頃）	節気の意味	七十二候・日取り	中国（宣明暦《せんみょうれき》）	
初冬	立冬《りっとう》	十一月八日	紅葉、空気が乾いて、冬の気配	十一月八日〜十二日	水始氷《みずはじめてこおる》	水が凍り始める
				十一月十三日〜十七日	地始凍《ちはじめてこおる》	大地が凍り始める
				十一月十八日〜二十二日	野雞入水為蜃《やけいみずにいりおおはまぐりとなる》	雉が海に入って蛤となる
	小雪《しょうせつ》	十一月二十三日	山には初雪、白く輝く	十一月二十三日〜二十七日	虹蔵不見《にじかくれてみえず》	虹を見なくなる
				十一月二十八日〜十二月二日	天気上騰地気下降《てんきじょうとうしちきかこうす》	天地の寒暖が逆になる
				十二月三日〜六日	閉塞而成冬《へいそくしてふゆをなす》	気が塞がって冬となる
仲冬	大雪《たいせつ》	十二月七日	冬ごもりしていた虫たちが土の中からはいだしてくる	十二月七日〜十一日	鶡鳥不鳴《かっちょうなかず》	山鳥が鳴かなくなる
				十二月十二日〜十五日	虎始交《とらはじめてつるむ》	虎が交尾をし始める
				十二月十六日〜二十一日	茘挺出《れいていいずる》	大韮が芽を出し始める
	冬至《とうじ》	十二月二十二日	太陽が最も低くなり、一年で夜が一番長くなる	十二月二十二日〜二十六日	蚯蚓結《きゅういんむすぶ》	蚯蚓《みみず》が大地で固まりとなる
				十二月二十七日〜三十一日	麋角解《びかくげす》	カモシカが角を落とす
				一月一日〜五日	水泉動《すいせんうごく》	地中の水が動き出す
晩冬	小寒《しょうかん》	一月五日	寒の入り、寒さが増してくる	一月六日〜九日	雁北郷《かりきたにむかう》	雁が北に渡り始める
				一月十日〜十四日	鵲始巣《かささぎはじめてすくう》	カササギが巣を作り始める
				一月十五日〜二十日	野雞始雊《やけいはじめてなく》	雉の雄が鳴き始める
	大寒《だいかん》	一月二十一日	最も寒いころ	一月二十一日〜二十五日	鶏始乳《にわとりはじめてにゅうす》	鶏が卵を産み始める
				一月二十六日〜三十日	鷙鳥厲疾《しちょうれいしつす》	鷹や鷲などが空高く早く飛ぶ
				一月三十一日〜二月三日	水沢腹堅《すいたくあつくかたし》	沢に氷が厚く張り始める

五節供と雑節

暦とは別に、季節を表す目安とされてきたのが「節《せつ》」です。季節の変わり目のことですね。節目の日＝「節日《せつじつ》」は、祝祭を行う重要な日とされ、神様の祭礼、農耕儀礼の年中行事と結びついて現在に至っています。

節供の中で代表的なものが、第2部でお話しする「人日《じんじつ》」「上巳《じょうし》」「端午《たんご》」「七夕《たなばた》」「重陽《ちょうよう》」の五節供です。

これらは江戸時代に公的な行事、祝日に定められました。

五節供と同じように、季節を知る基準として便利な暦日《れきじつ》が「雑節《ざっせつ》」です。雑節と呼ばれるのは、その起源が中国古代に起きた陰陽五行説（82ページ参照）に基づくものや、日本で農業や漁業の体験から作り出された実用的なものなど、由来や性格が雑多なためです。

人々の日々の暮らし、農作業の重要な目安となるものが含まれていて、長い間に培われてきた智恵と経験の集約でもあります。

第2部の食べ物の行事「アエノコト」も、旧暦でご紹介しています。

五節供プラス冬至の年に6回、美味しく食べて体を整え、元気になって心を整える。

行事ごとの食事で暮らしのリズムを生み、旬の食べ物で栄養をとり、健やかになれるアエノコト。次章では実用的なレシピと一緒にご紹介していきます。

第2部

ときどき旧暦で暮らす「アエノコト」

――ふた月に1度、カミサマを迎えてもてなす食のおまつり――

食べ物に感謝してこれからの季節に備える

アエノコトの話に入る前に〝ハレ〟と〝ケ〟についてお話ししておきましょう。

特別な日のことを「ハレの日」といいます。結婚式などの祝辞で「このハレの日に……」というあのハレですね。ハレとは非日常、ケとは日常を指します。

朝起きて、会社に行って……同じパターンの日常が続くと、だんだん気持ちが萎えてきませんか？　それは繰り返しの日々でエネルギーや気力が消耗されるからです。その状態が「ケガレ」。気が枯れていくのです。

「なんか、疲れたし、どこか行きたいよね」とか、「たまには、ごちそう食べたいね」と無意識に言ってしまうのは、ハレを欲しているから。

そこで、いつもとは違う特別な日が必要になるのです。ハレという非日常で、新たなエネルギーをチャージして、自分を活性化させる。

江戸幕府が定めた年に5回の年中行事・五節供

	旧暦	新暦二〇一三年（平成二十五年）におきかえると
人日	旧暦一月七日	二月十六日
上巳	旧暦三月三日	四月十二日
端午	旧暦五月五日	六月十三日
七夕	旧暦七月七日	八月十三日
重陽	旧暦九月九日	十月十三日

・「節供」／せっく。節日に、神、食べ物などに感謝して、お供えしておまつりする行。またはそれをする日。

※現在〝節句〟と書かれている本が大半ですが、〝句〟は節目・区切りの意味。神に対してのまつりごとや行事をする場合は供養の〝供〟。〝節供〟は本来、神と人とをつなげる神に対しての儀式であったことから、本書では〝節供〟を用いています。

非日常の時間で今までの自分を振り返り、新しい自分に向かう。そういった時間を過ごすことが大切なのです。

1年に数度、ハレの日を持つ。それも、できれば気候や体調が変わる節目のときがいい。そこで考えたのが「節供」です。江戸幕府が定めた五節供は、79ページの表のとおり。もともとは中国で定められた節供が、日本の「折り目ふし目にケガレを祓っておまつりする」という考えと交ざり合い、年中行事となったものです。

この節目の日である五節供に、プラスして冬至。冬至は「1年の終わりで始まり」という大切な日です。これで年6回、ふた月に1度になります。

体と食べ物と「陰陽五行説」

「節供」は季節の変わり目、雨が多いなど、水との関係が深い時期に行われます。要するに「体調を壊しやすい時期なので、注意が必要ですよ」ということです。

病にならないようケガレを祓って、食べ物、生命そのものに感謝して、これからの季節に備えるのです。

食べることは、生きること。美味しいとうれしい。そんな食べ物への感謝を込めて、わたしは単に節目を指す「節句」ではなく、節の供養をも示す「節供」ととらえて、みなさんにもそう説明させていただいています。

現代ではほぼ1年中、食べたいものがどこででも手に入って、季節や風土、食べ物のありがたさを感じる機会が少なくなりましたが、春夏秋冬、旬の食べ物を行事としていただくと、自ずと季節や風土を意識するようになります。


たとえば、夏になると苦瓜など苦みのあるものが美味しく感じるようになる。それは、苦みの中に含まれる栄養素が、暑さで疲れた体を癒してくれるから。食べたい時期を過ぎると、もう季節は次へと移っている。体はそれほど正直なのです。

食べ物のアクをエグミと表現し、四季が豊かで海山の幸が豊富なこの国の住人は、単に辛い甘いだけでなく、旨味、またその四季ゆえに自己防衛本能としてのえぐみや渋みなど、微妙な味覚を感じ、普段の健康に備えていました。

自分の舌で感じとる本来の味覚は、他の感覚同様に自分を守るものともいえます。

このように、健やかだと味で季節を感じることができます。日によって、体調によって、季節によって、食べたいものが変わります。何だか酸っぱいものが食べたいとか、妙に辛いものが恋しくなったり。「何が食べたい？」と聞かれてまったく思い浮かばなければ、自分の体のことがわからなくなっているのかもしれません。要注意です。

自分の体を知る、体と食べ物の関係を考える。そうしたことで参考になるのが、中国の古代哲学である「五行思想」です。

これは、地上のものはすべて、木火土金水《もくかどごんすい》の5つの要素から成り立っていて、その作用と循環で自然界が構成されているという考えです。

これとは別に、自然界のあらゆるものは「陰」と「陽」に分けられるとする考え方が「陰陽思想」。太陽は陽で、月は陰、数字なら奇数は陽で、偶数は陰。食べ物で言うと、根菜など体を温めるものは陽、レタスやトマトなど体を冷やすものは陰。

この陰陽と五行説が結びついたのが「陰陽五行説」です。漢方や薬膳料理のお店で聞いたことがあるかもしれません。

左ページの図を見てください。5つの要素の間には、相性が良い循環の関係「相生《そうしょう》」、相手を滅ぼしていく関係「相剋《そうこく》」があります。

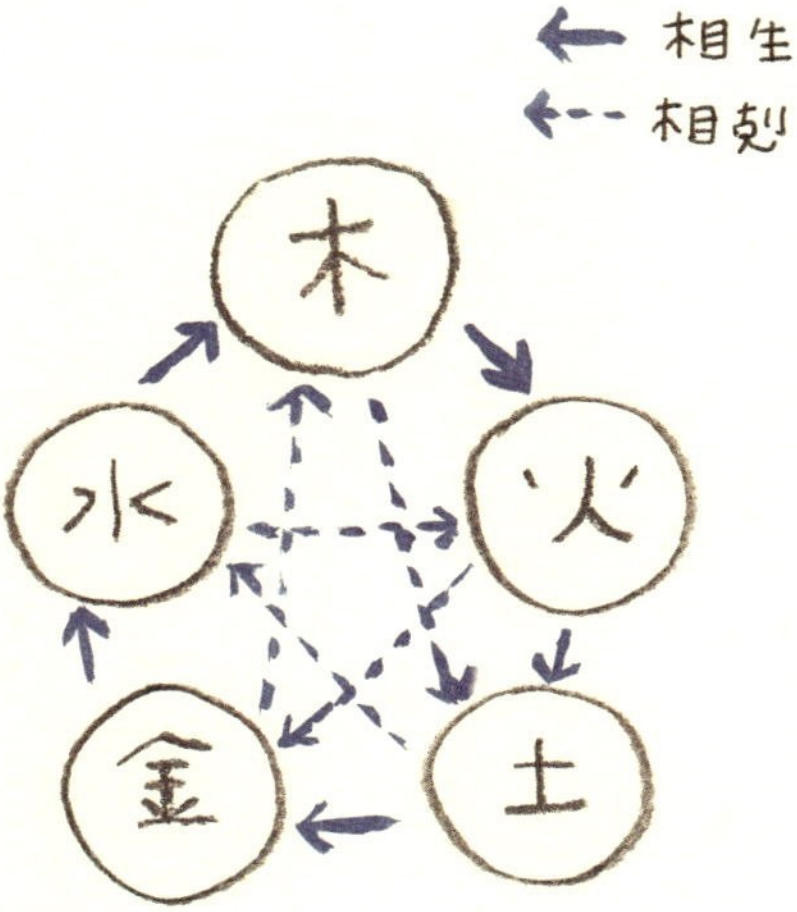

五行	木	火	土	金	水
五色	青	赤	黄	白	黒
五方	東	南	中央	西	北
五時	春	夏	土用	秋	冬
五臓	肝	心	脾	肺	腎
五味	酸	苦	甘	辛	塩辛
五穀	麻	麦	米	黍	大豆

味覚の変化を感じたとき、あるいは季節のレシピを考えるときなど、参考にするといいでしょう。96ページからのアエノコトのメニューは、夏には苦瓜《にがうり》や茗荷といった苦いものを食べるなど、この表にある考え方を参考にしながら組み立てています。

アエノコトは、節目に季節の料理を作って、集って、みんなで食べる行事。石川県には、今も、田んぼの神様を迎えてごちそうでおもてなしする儀式「奥能登のあえのこと」（重要無形民俗文化財指定）が残っていますが、ここでおすすめしたいのは、普段とは違う機会を持って節目を意識する〝井戸流・アエノコト〟。

その時期に必要なものを食べ、心と体を整える。気心のしれた友人、仲間たちとともに楽しい時間を共有する。そうした感謝の食事が、健やかな明日へとつながるはず。また、節供ごとのしきたり、雛祭りに菱餅、端午にはかしわ餅など、型だけを取り入れるのではなく、型に込められた意味がわかれば、日本人のＤＮＡが受け継いできた無意識の感覚に働きかけることができるのではないでしょうか。

「節供のアエノコト」が、わたしたちが本来持っている、生きるための力を呼び覚ますきっかけとなる行事になればうれしいなと思っています。

わたしは常日頃、料理するとき、食べる人の顔を思い浮かべながら作ります。そうすると、食べてくれる人との間に無意識に温かい交流が生まれます。

体を育てるのも活かすのも、「美味しい」と感じる心と、その心をひき出す「素材」、そして人との豊かなコミュニケーションではないでしょうか。

みなさんに、そんな機会をもってもらえればという願いも込めて、98ページ以降ではアエノコトのレシピも添えています。

ちなみに旧暦でアエノコトを行うのは、季節の流れに沿っていて、気候的にも違和感がなく、旬の食べ物が手に入るから。そして、風化してしまった昔の節供の本当の意味が無理なく理解できるからです。旧の暦を手元においてアエノコトを始めると、「次の節供はいつかな」と楽しみになってきます。

アエノコトの日の過ごし方

年に6回のアエノコト、せっかくですから、普段とは違うハレの日にしましょう。

その日を中心に前後数日、朝早く起きてみる。散歩したり、神社に行って自然の気を感じてみる。朝日を浴びるだけで、スッキリと目が覚めます。また、いつもよりひと駅前で降りて歩くのもおすすめ。それだけで体にいいことをした気分になります。

ハレの食事ですから、いつもとは違うしつらえをするのも楽しいですよね。大げさなことをしなくても、ランチョンマットを換えてみたり、季節の花を飾るだけでごちそう仕様になって気分も変わります。もちろん事前にお部屋はきれいにお掃除を。

食事のあとは、ゆっくり、お茶の時間をもつなどして、料理の余韻と共に節供の意味をかみしめてください。

特別な時間で心を晴れやかにする。わくわくすること、自らを奮い立たせること。それが周囲の元気と交流して、明日からの元気に繋がります。

では、次からは年6回のアエノコトについて具体的にお話ししてまいりましょう。節供の行事が持つ意味や、古から受け継がれた知恵、アエノコトの日の過ごし方に加え、私が実際にアエノコトのイベントで作ったお料理、そして、最後には旬の素材や栄養と共に、自宅で作っていただきたいアエノコトの簡単レシピも添えました。

まずは冬至から。実はここが1年の始まりとも言えるのです。

●新暦十二月二十二日頃

冬至

「甦りの日」

冬至とは「日短きことを至《きわま》る」という意味。ここが1年の節目、新旧交代をはかる大事な日。年の終わりと始まりを意識して、心と体に新たなエネルギーを取り入れよう。

新たな1年を祝う行事が行われる日

冬至は十二月二十二日（新暦）頃。日本では1年で最も昼が短く、夜が長くなります。日照時間が短いため、植物が枯れて少なくなり、動物も冬眠に入る。生命の源である太陽の恵みを受けにくいこの時期は寒さが増し、食料が手に入りにくい。太陽のエネルギーが最も弱まり、夜が長く、消滅の不安を抱くわけです。古代の人は、ここで太陽が一度死んでいくと考えていました。

冬至とは「日短きことを至る《きわま》」という意味。いいかえれば、この日を境に、日照時間が少しずつ長くなる転換のときでもあります。

このことから、冬至を「復活の日」「太陽の誕生月」と考え、エジプトやマヤ文明、日本でも古代から、新たな1年を祝う行事が行われ、今でも世界各地で冬至の儀式が残されています。

古いものを脱ぎ捨て、新たなエネルギーを自分に呼び寄せ、新しい1年を迎える。ということで、冬至は1年のなかでとても大切な節目のときなのです

1年間の自分を振り返り、美味しいもの、自分の体に必要なものを食べながら新たな1年への気持をかためる。これが冬至のアエノコトです。

易者が易を立てる日

古代中国では冬至を「暦の起点」と考えていて、易学では一月から順に子、丑、寅……と、十二月まで十二支があてはめられています。

夏至で陽の気が最高に満ちて、ここから次第に夜が長くなる陰の時期へ。そして冬至で陰の気が最高に満ちる。同時にここから陽の気がスタートします。まさに終わりであり始まり。

ですから、易者は冬至に新たな1年に備えて易を立てます。これが易者の常識です。易を立てるとまではいかないまでも、新年よりひと足早めに1年を振り返り、来年1年をどう過ごそうか、新たな自分をイメージしてみましょう。一般的には、大晦日や新年にかけて抱負を考えるという人が大半かと思いますが、古きにならって、冬至で甦りを計る。

冬至を新たな1年をとらえる日としてみてはいかがでしょうか？

冬至には柚子湯

さて、冬至の夜といえば柚子湯。お風呂好きの日本人には欠かせない習慣です。柚子の香りは乾燥からくる鼻やのどの不快感を払拭し、精油成分は血行を良くし、体を芯から温めてくれます。新陳代謝が活発になり疲れを和らげてくれるので、冷え性にもいい、今も残る昔からの知恵です。

柚子をまるごと3個ほどバスタブに入れる。肌を刺激する成分が含まれているので、お湯が熱いとピリピリしみるかもしれません。

少しぬるめの39〜40度で、10分ほど浸かるのがおすすめです。清々しい香りで気分がスッキリするはず。

食べ物が自由に手に入らなかった昔、草木も枯れるこの時期に、太陽のように輝く柚子の実は温かみをもたらし、冬を乗り切る力になると考えていたのでしょう。

『古事記』に登場する「トキジクノカグの木の実」は橘の実を指します。「非時香木実」と表記されていますが、いつまでも香りを放ち続ける実ということで

冬至の長い夜は
柚子湯で温まる
いい湯だわん〜
3本足のカラスは
太陽の使い
冬至の日に家の屋根にカラスが
とまると吉とされた

不老不死の霊薬、若返りの妙薬として考えられ、死の邪気を祓うとされていました。同じ柑橘系の柚子にも先人たちはそうした効果を期待していたのかもしれません。
冬至の長い夜は、柚子湯でゆっくり体を温めてください。

滋養を高める食べ物を

冬至のころ、体には1年分の疲れがたまっています。太陽が復活するとはいっても、寒さはこれからが本番。ますます寒くなっていく時期にそなえて体を温め、力のつく食事をいただきましょう。

1度の食事で1年分の疲れがとれるわけではありませんが、節目の食事は、そのくらいの気分でいただくことが大切です。

冬至といえば、かぼちゃ。
江戸の頃から、冬至にかぼちゃを食べると風邪をひかない、中風（脳卒中）よけにもなるといわれました。かぼちゃは、体内でビタミンAに変わるカロテンが豊富、ビタミンAは粘膜を保護し、皮膚の抵抗力を高めてくれるので、かぼちゃを食べて風邪知らずというわけです。昔の人は栄養素の名前は知らなくても、理にかなった知恵を持っていたのですね。

かぼちゃは、夏から秋に収穫されますが、完熟するのに時間がかかり、保存もききます。秋を過ぎると野菜の収穫が少なくなるので、この時期の大事な栄養源でした。

小豆と一緒に煮る料理も定番です。冬至かぼちゃ、かぼちゃのいとこ煮、小豆粥など。小豆の赤は邪気を祓い、生命力の象徴とも考えられていたのです。

東洋医学の陰陽の考えからすると、トマト、レタスなど水分の多い野菜は「陰」、これらは暑い夏に体を冷やしてくれます。根菜類は「陽」、体を温めてくれます。寒さで体調を崩しやすい時期にはぜひ取り入れたいですね。

だいこんやにんじん、れんこんなど、冬至には〝ん〟のつく素材と、覚えておきましょう。また、こんにゃくも、冬至におすすめです。腸の中をきれいにして不要なものを排出してくれる効果があるので、体のお掃除になります。

冬至のアエノコト ――お品書き

季節は仲冬、寒い毎日。冷たい風に体が縮こまり、代謝は低下します。風邪をひき寄せないよう、新陳代謝を高める柑橘類を取り入れ、体を温める根菜類や保湿効果のあるかぼちゃを食します。

ほうれん草の胡麻和え
かぼちゃのマリネ
白和え
鯛のキウイソース
じゃがいもの煮物
春雨の炒め物

冬至かぼちゃ

五穀飯のおにぎり

前菜盛り合わせ

ふろふき大根　山椒味噌、柚子味噌、胡麻味噌
野菜たっぷりのスープにロールキャベツ
根菜の煮物
鹿肉のバルサミコソース
牡蠣ご飯
五穀飯のおにぎり
栗餅、高麗餅の小豆がけ
冬至かぼちゃ
白菜と柿の漬け物
大根の漬け物

根菜の煮物

大根の漬け物

ふろふき大根

自宅で作りたい冬至のレシピ――冬至かぼちゃとふろふき大根

●冬至かぼちゃ

一、小豆は洗った後、一晩魔法瓶に熱湯とともに入れて柔らかくしておく。
二、かぼちゃは丸ごと一度蒸して少し柔らかくしてから、蓋と種を取り除き、再度柔らかくなるまで蒸す。
三、柔らかめの小豆にお湯を足して、さらに柔らかくなるまでコトコト煮る。柔らかく煮えたら、そこに三温糖か黒砂糖を加え、やや甘めに調整し、ほんの少し塩を加え、ショウガの絞り汁を垂らす。
四、二を器として用いて、そこに味を調えた三を入れて、温かいうちに食す。
五、重陽の節供で余った栗の渋皮煮などを細かく切って加えるとより美味。
六、味に飽きたら、五にブランデーを利かせたホイップクリームや白玉、アイスクリームなどを加えてもおいしくいただける。

●ふろふき大根

〈材料〉大根2分の1～3分の1本（胴の中ほどの部分）、昆布（15センチ角）、米のとぎ汁（ま

たは米ぬか、もしくは生米をひとつかみ）、酒大3

一、大根は3cmの輪切りにして厚めに皮をむき、角を面取り。片面に十字に切り込みを入れ、水に放つ。

二、鍋に水気を切った大根、米のとぎ汁をかぶるくらいに入れ、強火にかける。とぎ汁がなければ、米ぬかか生米をだし用の紙パックに入れ、水と一緒に鍋に入れてもOK。

三、煮立ったら弱火にして20分ほど下茹で。竹ぐしを刺してすっと通る程度になったら火からおろし、サッと水洗いする。

四、鍋に昆布を敷き、大根を並べ、酒、たっぷりの水を入れ強火にかける。煮立ったら弱火にして蓋をせず30分ほど煮る。

〈柚子味噌の材料〉西京味噌70g、水大2、砂糖大1、みりん大1、柚子の皮（重層でよく洗う）のすりおろしとせん切り、柚子の絞り汁小1

一、小鍋に柚子味噌の材料を入れて、弱火にかける。木ベラでかき混ぜながらクツクツと煮立たせる。そのまま弱火で2～3分、もったりするまでかき混ぜながら火をいれる。

二、煮あがったら火からおろし、膜が張らないよう、冷めるまでかき混ぜ続ける。

三、冷めたら、柚子皮をおろしたものと絞り汁を加える。※味噌がかたくなりすぎたら、大根の茹で汁でのばす。

夏至には朝日を拝もう

冬至とは反対に、昼が最長になる日、夏至。太陽がエネルギーをいっぱいにふりまく「〝陽の気〟が強いとき」で、夏至の太陽を拝むスポットが世界各地にあります。

伊勢の「夫婦岩」では、夏至のときにだけ岩と岩の間から朝日が現れます。岩の間から富士山も見えて、毎年たくさんの人が訪れます。また、イギリスの世界遺産「ストーンヘンジ」では、巨石と祭壇石を結んだ直線上に、夏至の朝日が昇ることで有名。

古代から人は、夏至の太陽で、陽の気を浴びようとしていたことがうかがえます。これは、夏至を境に少しずつ夜が長くなり、陰の時期に入るから。夏至に太陽のエネルギーをもらうことで、陰に備えていたのです。

日本では梅雨の時期なので、うつうつとしやすいとき。憂鬱な気分が膨らまないよう、夏至には朝の太陽を浴びましょう。早起きして、朝一番の太陽を拝みたいもの。ベランダでもＯＫ。朝日をいっぱいに浴びましょう。

そうして、「夏至の太陽パワーをいただいたから、梅雨のジメジメにもまけない」と、体に言い聞かせてみてください。意外な梅雨対策としてぜひやってみましょう。

また夏至のすぐあと、6月30日は「夏越《なごし》の大祓《おおはらえ》」。各地の神社の境内に設置された〝茅の輪〟をくぐって、半年分のケガレを祓います。正式なお祓い行事は6月30日に行われますが、それまでの数日、茅の輪が設置されるところが多いようです。

また大祓には、ケガレを紙の人形《ひとがた》に移して水に流す行事も各地の神社で行われています。

春分の日　秋分の日

そして冬至、夏至とともに、もうひとつ覚えておきたい二十四節気の仲間に、お彼岸の時期の「春分」と「秋分」があります。甘いもの好きなら、「ぼたもち」と「おはぎ」でしょうか。

春分は国民の祝日ですが、「お彼岸」とは？　なぜ、お墓参りをするの？

これは、春分と秋分の日は、日本から見て真西に太陽が沈むからです。西の方角には「極楽浄土」があるとされ、この時期に亡くなった人を偲ぶのです。

春分、秋分の日を中心に、前後3日間、合計7日間がお彼岸です。

親元から遠く離れていても、この時期にはお墓のある実家まで顔を見せにいく。それも大事。実は「先祖」という言葉には亡くなった人だけでなく、生きている父母、祖父母も含まれていて、親に自分の顔を見せるのが供養でもあるのです。

では、「ぼたもち」と「おはぎ」はどう違うのかというと、春は「ぼたもち」でこしあん、秋は「おはぎ」で粒あん。それぞれ牡丹と萩で、季節の花を表現しています。秋に収穫したばかりの小豆は柔らかいので、そのまま「粒あん」、時間が経った春は「こしあん」にしたそうですが、現代ではいろんな技術で工夫され、どの時期でも美味。きなこやごま、青のりのおはぎもポピュラーになりました。

秋の彼岸時期には、真っ赤な曼珠沙華を目にします。彼岸花とも言い、お墓のまわりに植えられたのは、茎に有毒成分があるので、土葬のときには、動物や虫から死者を守ってくれたのですね。

おはぎとぼたもちのちょっとしたウンチクとともに、春分、秋分には家族そろって亡き人をしのびましょう。

お墓を美しく掃除して水をかけ、花や線香を供える。故人の好きだったものをお供えするのもいいですね。気持ちがスッキリして心の安定をもたらしてくれるでしょう。

人日

●旧元旦から数えて七日目
新暦一月二十八日～二月二十五日頃

「七種（草）粥を食す日」

正月七日を「人日《じんじつ》」といい、新たな年の対人関係を考える日としてもよい日。宮中では前日に摘んだ七草を朝粥にして食す「七草粥」の風習があり、これが庶民にも拡がった。寒さの厳しい時期の仙人草とされた七草は、その年の無病息災につながると信じられていた。

せり
すずしろ
ほとけのざ
はこべら
ごぎょう
すずな
なずな

気力がみなぎり、春夏秋冬病なし

「人日」、なじみのない節供ですが、〝じんじつ〟と読みます。

元旦から数えて7日目は七草粥の日、土の中から顔を出した若菜を摘み、その〝若い気〟を体に取り入れることで、冬の寒さを打ち払い、病を防ごうとするもの。これは、今でも季節の風物詩として残っていますね。

平安時代、宮中では無病息災を願って、「七種」を粥にして食すという習慣がありました。当時は、若菜の七草ではなく、穀物だったようです。クサとは種類を示す言葉としても使われていました。ですからこの場合、「米、粟《あわ》、きび、ひえ、麻の実、小豆、胡麻」などの7種類の穀物を示したとされます。

元々は中国の3大宗教のひとつである道教（あとのふたつは儒教と仏教）の教えから生まれた習慣に倣ったとされていますが、庶民には7種類の穀物を用意することすら大変だったでしょうから、なかなか浸透しなかったようです。

いずれにしても「地のナナクサ」を食すれば、気力がみなぎり、春夏秋冬病なしと信じられていました。

冬至から夏至に向かっては、太陽のエネルギーが強くなるとき。大地の中にあるエネルギー＝〝陽の気〟を体に取り入れれば、1年無病息災で暮らせるということです。平安時代、貴族の間では、穀物を中心にとられていたようですが、少し時代が下って鎌倉の頃からは庶民の間でもこうした信仰が広まり、「せり・なずな・ごぎょう・はこべら・ほとけのざ・すずな・すずしろ」など、大地から芽吹き始めた7つの野草を温かい吸い物に仕立てたり、お粥にまぜたりして、1年の息災を祈っていました。

人との関係を考える日

そもそも人日とは、中国から渡ってきた教えです。なぜ人日というのか。これは元旦から8日間、「それぞれの日で、動物の殺生は最低限に」という教えからきています。一日には鶏、二日は狗《いぬ》、三日は猪、四日は羊、五日は牛、六日は馬と、それぞれ、その動物を食べてはいけない。もし食べると、病になるといわれていました。

そして七日目は人、人殺しを禁じる日、人日です。この日は死刑を取りやめるなどの措置もあったようです。そこから人と争ってはいけない、コミュニケーションをはかる日とされ、この日に争うと、1年間、人との関係で苦労するといわれています。

そして、八日目は穀物の日、これは食してはいけないのではなく、凶作か豊作かを占う日でした。この日に晴れれば豊作、雨が降れば凶作だと。つまり、1年の最初に、今年の大体の行方が決まる、あるいは決めるとされていたのです。

こんなふうに風習は占い的な要素も含んでいたのです。


このような教えと、七草を食す習慣が同じ時期ということで、いつしか混同され、今日では人日の行事は、「七草粥」の習慣だけが残っています。

人日は、人と交流をはかるのにふさわしい日でもあります。今年はこういう人と会おうと計画を立てたり、この人とは切れたほうがいいのでは……、あの人と仕事がしたいというように、人との関係を考える日。

新年会もそういう意味があるかと思います。年の始めに「絶対この人と会おう」と決めると、いつしかその人と縁ができる。そういうものです。

その思いを日記につけるもよし、手帳に書き留めるもよし、この日は、人との関わりについて具体的に見直してみる日にしてください。

お正月の禁忌

一日	鶏	食べてはいけない
二日	狗	食べてはいけない
三日	猪	食べてはいけない
四日	羊	食べてはいけない
五日	牛	食べてはいけない
六日	馬	食べてはいけない
七日	人	人殺しをしない　死罪の恩赦
八日	穀	凶作か豊作か占う

七草の効用

次に七草の効用を見てみましょう。

今では新暦一月七日の前日に、「七草セット」がスーパーに並びますが、これはビニールハウスなどで栽培されたもの。一月だとまだ本当は野草の七草はないのです。

本来は旧暦の人日、だいたい二月の始めになってようやく、大地から若菜が芽吹いてきます。

七草にはそれぞれ薬効があるといわれています。

芹《せり》は消化促進、血脈を整えます。薺《なずな》は止血剤になる、風邪の予防に優れています。御形《ごぎょう》は痰を切る、咳に効く、繁蔞《はこべら》は血をきれいにしてくれます。仏《ほとけ》の座《ざ》は胃腸によく、菘《すずな》は咳止め、消化促進、蘿蔔《すずしろ》も消化にいいとされています。蘿蔔とは大根のこと、その白さから「清白」とも書きます。葉っぱはビタミン豊富で、風邪予防に効果的。

これらを塩少々を加えた熱湯でアク抜きし、軽く絞ってお粥に入れていただく。おにぎりに入れるのも、緑の色が鮮やかで食欲をそそります。

七草粥は、正月のごちそうで疲れた胃腸を休めてくれます。今では年中ごちそうを食べる機会がありますが、昔は庶民の間では正月くらいしかごちそうを食べる機会がなかったのです。青菜が少ない時期にビタミン類を取り入れるためにも、胃腸を休めるのにもいい、とても理にかなっている知恵として、暮らしに根づいていきました。

七草で大地のエネルギーを取り入れる。そして今年1年の人間関係について考える。これらは年の始まりにはふさわしいこと。ぜひ取り入れてみてください。

人日のアエノコト

――お品書き

師走の忙しさとハレのお正月で疲れた胃を七草粥で休めます。ビタミン豊富なキャベツや小松菜、ほうれん草も旬。りんごも整腸作用があり、食べすぎたときにありがたい存在です。

七種のお粥
芹の胡麻和え
烏賊と菜の花の辛子和え
うどの金平
蛸のマリネ
人参と八朔のサラダ

蛸のマリネ

芹の胡麻和え

七種のお粥

糸こんにゃくと鱈子の含め煮

お豆腐とセロリの中華風

蕪の鶏そぼろ

蒸し豚の雑穀ビネガーソース

鮭の粕汁

ブリ大根

海老と百合根の炒め物

新牛蒡と揚げの炊込み

大葉と人参、きゅうり、茄子他

大根の香の物

ブリ大根

鮭の粕汁

蕪の鶏そぼろ

自宅で作りたい人日のレシピ——七草粥と七種粥

●七草粥（芹、薺、御形、繁蔞、仏の座、菘、蘿蔔）

〈材料〉米1カップ、水7カップ、七草それぞれ少量、塩、ごま油

一、お米1カップをといでから、水7カップに1時間ほど浸しておく。

二、鍋に一を入れて中火で蓋をして炊き始め、沸騰したら弱火で40分ほどコトコト、可能であれば、土釜のほうがよりよく、30分ほどで仕上がる。

三、七草はアクがとくに強いセリなどは茹でて使ったほうがよいが、それぞれ少量なので気にならなければ、細かく刻んで二に混ぜて蓋をして蒸らす。

四、お好みで塩、ごま油を少し垂らして食べるとより美味しくなります。

●七種粥（粟、黍、稗、胡麻、ミノ*、米、小豆）＊現在はミノがないのでかわりに麻の実を使う

〈材料〉米1カップ、水7カップ、七種それぞれ少量、塩少量

一、小豆を魔法瓶に熱湯を入れて一晩置いておく。

二、お米1カップをといでから、水7カップに少量の粟、黍、稗、胡麻とともに1時間ほど浸しておく。

三、鍋に一と二を入れて中火で蓋をして炊き始め、沸騰したら弱火で40分ほどコトコト、可能であれば、土釜のほうがよりよく、30分ほどで仕上がる。

四、塩をひとつまみ入れて食す。

●旧暦三月三日　新暦三月二十四日～四月二十二日頃

上巳

「桃の節供『桃』と『雛』と『蛇』」

「上巳《じょうし》」とは、旧暦三月の最初の巳の日に、水辺で禊《みそ》ぎを行うという風習からきている。もともと日本には季節の変わり目に水で禊ぎをし、ケガレを移した人形《ひとがた》を川へ流すという風習があった。それが平安時代以降の人形遊びにつながり、雛祭りの原型となっている。

ケガレを祓う日

雛祭り、桃の節供は春の恒例行事。雛人形を飾り、女の子の成長を願ってお祝いしますが、旧暦三月三日は、「上巳《じょうし》の節供」。新暦なら四月のはじめ、桜とともに桃の花が咲ほころぶ頃。

実は、「上巳」「雛祭り」「桃の節供」は、それぞれ別の意味を持っていました。それが同じような時期に行われるということで、次第に一緒に考えられるようになったようです。

では、それぞれにどんな意味があるのか？　意外に深い、そして女子にとって大切だとされた節供を、「上巳」「雛」「桃」の順で見ていきましょう。

上巳というのは、三月の最初の「巳」の日にあてた言葉。十二支にもありますが、巳とは〝蛇〟、水の神様でもあります。

この時期は水がぬるみ、蛇が大地の中から出てきて、脱皮し始める頃。中国では邪気に見舞われやすい日とされ、水辺で不浄を祓う儀式が行われていました。

日本でも〝三月の巳の日〟には、水にまつわる行事がありました。平安の頃に始まった宮中の行事「曲水《きょくすい》の宴《うたげ》」もそのひとつ。清らかな水が流れる庭園で詩歌を読む雅な行事です。〝流す〟というのは脱皮と同じく、良くないものを祓うという意味が込められていたのでしょう。

庶民の間でも、不浄を祓うために水辺で禊《みそ》ぎをしたり、酒を飲んだり。平安時代には、「上巳の祓い」といって、紙やワラでヒト型を作り、その人形《ひとがた》で体を撫でて罪汚れを移し、水に流す行事が行われていました。つまり身代わりですね。

昔の人は、病気や災難が祟りや呪いによってもたらされると考えていたため、人間の身代わりとして、人形に汚れやわざわいを移しとらせたのです。

素朴なおまじないのようなものだったのかもしれません。ちなみに人形を川に流す習慣は、現在も各地で残っていて、「流し雛」もそのひとつです。

平安時代には貴族の幼女の遊び道具として「ひひな」という人形もありました。「源氏物語」にも貴族の幼女の「ひひな遊び」が登場します。

人形《ひとがた》の原型は、紙や木の棒に布を巻きつけた「ひらひら」したもの。この「ひらひら」から「ひひな」や「ひいな」と呼ばれるようになったのではないかと思います。

この「ひひな」や「人形《ひとがた》」から、お雛さまが生まれていきます。

女の子の遊び道具から雛祭りへ

遊び道具の人形は次第に立派になって、宮中では雛人形が飾られました。江戸後期になると、庶民の間でも女の子の成長を願う「雛祭り」が一般化しました。

それぞれの人形には122ページの図のように意味があります。

雛壇には夫婦、若い人、年をとった人、眉のある人（未婚）ない人（既婚）、すべてがそろい、家族、ひとつの社会を映しています。

雛人形はケガレを移し、あの世へと送る人形《ひとがた》から発展したもの。つまり、あの世の世界のものといえます。あちらの世界から、この世を鏡のように映し出しているのです。そう思うと、毎年、出してあげないと、ちょっと怖い……。

「雛人形を出さないとお嫁にいけない」という俗信があるのもそのためでしょうか。

持っている人は飾ったほうがいい。しまったままではケガレもずっと家の奥底にしまっていることになるわけです。

役割通り、年に1度、きちんと飾ってあげることが大切です。美しく飾ったら、「きれいね～」とほめてあげる。これも大事。


あの世のものはちょっと怖い。怖いからうやまう。菅原道真公を祀る天満宮、平将門信仰の神田明神、これら祟りをもたらすものを祀る御霊信仰《ごりょうしんこう》と同じ考えです。祀って、ほめて、喜ばせてあげる。これが禊祓いとなるのです。

雛祭りが終われば、すぐにしまいましょう。せっかくのお飾りですから、雛祭りの数日前に出して、その美しさをたっぷりと楽しみましょう。

魔を祓う〝桃〟

桃の節供ともいわれるこの日、桃の匂いは魔を祓うとされていました。

古事記ではイザナミが亡くなり、黄泉の世界に行ったのをイザナギが追いかけていきますが、醜い姿になったイザナミを見て逃げ出してしまう。追いかけてくるイザナミに、あの世とこの世の境目に生えていた桃の実を噛んで投げつけたら、醜いイザナ

雛人形それぞれの役割

一段目／内裏雛《だいりびな》あるいは親王（男雛、女雛）
天皇、皇后を型としたとも言われる
・関東と関西では位置が逆、男雛と女雛の位置については諸説ある
・昭和天皇の即位式にならって、新しいものはこの形という説や、「右にならえ」というように座席の位置は右が上位だが、雛人形はあの世からこの世を鏡のように映したものなので、左・男雛、右・女雛という説もある
・天皇や皇后の代わりに災厄を受ける「天児《あまがつ》」から発している

二段目／三人官女《さんにんかんじょ》
・宮中に仕える女官をあらわす（お歯黒、眉なし）
・内1人のみ生涯独身の女官

三段目／五人囃子《ごにんばやし》
・能のお囃子を奏でる5人の楽人
・謡、笛、小鼓、大鼓、太鼓の順

四段目／随身《ずいしん》
・右大臣と左大臣
・左大臣のほうが年配で位が高い
・いずれも武官

五段目／仕丁《じちょう》あるいは衛士《えじ》
・通常3人1組の従者
・日傘をかざす係、殿のはきものをお預かりする係、雨をよける係
・立傘《たてがさ》、沓台《くつだい》、台笠《だいがさ》の順
・怒り、泣き、笑いの表情から、三人上戸《じょうご》の別称もある。

毛氈《もうせん》の赤色は魔除けの意味もある

第2部　ときどき旧暦で暮らす「アエノコト」

ミはあの世へ逃げ帰った。そうしてイザナギは生きて帰ってくることができました。つまり、桃には汚れを祓う力があり、死んでいるものにとっては恐怖なのです。

中国にも桃は邪気を祓い、長寿をもたらすという神話が伝えられています。中医学では桃の種は体を温めるとされ、漢方薬にも使われます。ホルモン機能が高まり、体が温まり生き生きするのです。

温かいものは冷たい死の世界ではいられないため、桃は黄泉の世界では恐怖そのもの、そして生きる者にとっては長寿をもたらすとされたのでしょう。

菱餅はなぜひし形？

雛祭りでおなじみの菱餅は、緑、白、桃色の3色が定番。薬効があり、厄除けにも用いられたヨモギの緑、白は清らかさを表し、桃色（赤）は生命力の象徴。着色料のない時代は、白のお餅には菱の実、赤の部分はくちなしが使われました。

ヨモギは血をきれいにしてくれる、菱の実はビタミンとカリウムが豊富で、煎じれば解毒・健胃効果がある。くちなしは解熱、抗菌。

菱餅のひし形は、とがった部分が魔よけともいわれています。ひし形は三角2つを

菱餅にこめられた意味

緑 ヨモギ（浄血） 雪の下に芽吹いた
新緑を表す

白 菱の実（解毒・解熱・健胃）
地上に残る雪の白 清らかさ
浄化を表す

赤 くちなし（解熱・抗菌） 桃の花の色
桃色（赤）は生命力の象徴

対照に並べた形で、日本人はこの〝対になるバランス〟を大切にしてきました。

たとえば山、山は形で表すと三角。この大地の下には、見えている地上の部分と同等の力があり、その均衡で山が成り立っていると考えていたのです。

これはちょうどひし形をタテに見たのと同じ形です。お互いのバランスで成り立っているから、見えない世界も大切に祀るのです。闇の世界を大切にすれば、見えている現実世界も楽しいものになるという考えなのですね。

現代では目に見えるものだけを重視しがちですが、こんな不安な時代だからこそ、見えない世界を敬った先人の感覚を再び見直したいものです。

食べると浄血、解毒、カタチで魔を祓う。不調に陥りがちなときだから、魔を祓ってくれるものでおまつりをする。桃も菱餅も今ではお飾りのひとつですが、実は深い意味を持っていたのです。

さまざまな意味を持つ上巳は、お雛さまのおまつりだけではなく、季節の変わり目にケガレを祓い、女の子の成長と幸福を願った節供です。

現代では、その再現として、身辺をきれいにし、自分の体を見直し、浄化してくれる食べ物でお祝いしてはいかがでしょうか。

何だか調子が悪い人、またはイヤなことがあった人は、神社に行って、人形《ひとがた》でお祓いをするのもいいでしょう。そして、お雛さまは買ったらきちんと飾る。毎年飾る自信がないなら、買わないでおくほうがいいかもしれません。

上巳・雛祭りのごちそう

雛祭りにはちらし寿司。さまざまな色の具材をちらし、春を表します。旧暦三月三日に野遊び、磯遊びに出かける風習もあり、重箱にちらし寿司をつめて出かけました。潮干狩りの時期でもあり、ハマグリのお吸い物も定番。

ハマグリの貝殻は平安時代から伝わる遊び「貝合わせ」にも使われました。雛祭りにハマグリをいただくのは、貝殻が一対でぴったり重なることから、対になる男性とめぐり会えますようにとの願いも込められています。

上巳のアエノコト

——お品書き

蕗やなばな、たけのこ、ハマグリや鯛もこの時期、いずれもご馳走になります。春の陽気にのるためにも、体調や気分を見直してリセットしましょう。

ちらし寿司
玄米と小豆の酵素ごはん
ハマグリのお吸い物
あさりのおから炒め
小松菜の辛子和え
稗のコロッケ

ハマグリのお吸い物

稗のコロッケ

玄米と小豆の酵素ごはん

春野菜の寒天寄せ
麻の実とズッキーニの蕎麦サラダ
薩摩芋の梅酒煮
百済キムチ
キンカン甘露煮
春野菜の煮物
桜餅
桜の花と小豆の寒天寄せ
甘酒のババロア

春野菜の煮物

薩摩芋の梅酒煮、キンカン甘露煮

ちらし寿司

自宅で作りたい上巳のレシピ——ちらし寿司と蛤のお吸い物

●ちらし寿司

〈材料〉米4カップ、人参1本、干瓢2本、干し椎茸3枚、高野豆腐2枚、揚げ1枚、蓮根1本、さやえんどう10枚、タラバ蟹かズワイ蟹のむき身4～5本、醤油、みりん、胡麻、酢、砂糖、塩、昆布1センチ角1枚（あれば蟹の子）

一、具材の用意：人参、干瓢、干し椎茸、高野豆腐、揚げ、蓮根をそれぞれ煮染める。可能であればひとつずつ拍子切りにして、少量の砂糖、醤油、みりんを加えて煮つめておく。

二、さやえんどうをさっとゆでておく。

三、酢飯の用意：お米3カップに昆布1センチ角一枚を入れてやや固めに炊飯器で炊き上げ、砂糖大さじ2、塩少々、酢カップ2分の1を加え、手早く混ぜる。

四、三に一の具材をさっと混ぜ合わせ、蟹の子、蟹のむき身、二のさやえんどうで飾る。お好みで甘酢につけたショウガ、ノリをトッピングして胡麻をかける。

今月のかんきの本

November ···> December, 2012

「やらされ感」から脱出して自由に働く54の方法

長引く不況や終身雇用の仕組みが崩壊し、将来に対
る不安が大きくなるなか、幸せに対する価値観が「
金」から「やりたいことをやって人生を楽しむ」に
フトしている。会社に我慢してしがみつき、安定を
るのではなく、「なりたい自分」や「夢中になれるこ
を見つけ「自由」という価値観で生きる方法を解説

潮凪　洋介＝著

四六判　並製　224P　定価1260

お客の心が読めるメガネ

サスペンスストーリー・タッチのビジネス書。販売に関わる全ての人

販促コンサルタント **竹内　謙礼**＝著　四六判　並製　240P　定価1365

できる5%のビジネスマンは潜在意識を必ず活用している DVDつ

数多くの研修で成果を上げたメンタルイノベーションセミナーを紹

山田　浩典＝著　A5判変型　並製　192P　定価1680

入社1年目から使える「評価される」技術

会社、はては世の中で成功するために不可欠なノウハウ満載の1

SBIモーゲージ常務取締役 **横山　信治**＝著　四六判　並製　本文2C　192P　定価1365

ショーペンハウアーの幸せになる言葉(仮

「異端の哲学者」の幸福論。澄み切った眼差しで人生のあり方を説いた

A・ショーペンハウアー＝著　**鈴木　憲也**＝訳　四六判上製　240P　予価1575

- 2週間で効果がでる！ 白澤式ケトン食事法　　白澤　卓二＝
- デジタルで起業する！　　水野　操＝著

※定価はすべて税込みで

露隠端月（つゆこもりのはづき）　臘月（ろうげつ）　かんき出版

世界一わかりやすいランチェスター戦略の授業

数ある経営書の中で、最も実践的と言われるランチェスター戦略を詳述。

福永　雅文＝著　Ａ５判　並製　240Ｐ　定価1575円

東京大学 医学・工学・薬学系公開講座⑧ 医療・ヘルスケア産業ビジネスモデル

各界のトップが挑戦する、医療・ヘルスケア産業への取り組みを紹介。

東京大学大学院・薬学系研究科特任教授 木村　廣道＝監修　Ａ５判　並製　320Ｐ　定価2415円

暦・しきたり・アエノコト 日本人が大切にしたいうつくしい暮らし

ページを開いた途端に季節を感じ、暮らしが豊かにいとおしくなる本。

民俗情報工学研究家 井戸　理恵子＝著　Ａ５判変型　並製　オールカラー　192Ｐ　定価1575円

目の疲れがとれる！ Dr.後藤のかんたん「温めストレッチ」

現代人を悩ますドライアイやIT眼症などの眼精疲労にこのストレッチ！

後藤　英樹＝著　Ａ５判　並製　本文２色　160Ｐ　定価1365円

70歳すぎた親をささえる72の方法

親と同居していない30代以降にぜひ読んで欲しい１冊。

太田　差惠子＝著　Ａ５判　並製　本文２色　192P　定価1470円

あなたの人生を劇的に変える神さまのお告げ88の言葉

よくある悩みや迷いについて、神さまが教えてくれた答えをまとめた本。

井内　由佳＝著　四六判変型　並製　本文２色　208P　定価1365円

こんな本も出ます。

- なかなか眠れない夜に　マツダヒロミ＝著
- 一瞬で相手の心を読む技術　久保俊博＝著
- ビジネス構想力を磨く30の質問　永田豊志＝著

タイトルは変わることがあります。

者の皆さまへ

書店にご希望の書籍がなかった場合は、書店に注文するか、小社に直接、
電話・ＦＡＸ・はがきでご注文ください。
詳しくは営業部（電話03－3262－8011　FAX03－3234－4421）まで。
総合図書目録をご希望の方も、営業部までご連絡ください。
内容の詳細については、ホームページまたは編集部（03－3262－8012）まで。
携帯サイトでは、オリジナル文具が当たる読者アンケートを実施中！

携帯サイトはコチラ

んき出版　〒102－0083　東京都千代田区麹町4－1－4 西脇ビル５Ｆ

●蛤のお吸い物

〈材料〉蛤8個、水800cc、昆布5センチ角1枚、酒100cc、薄口醤油小さじ1、さっと茹でた三つ葉、あれば柚子の皮。

一、きれいに洗った蛤を昆布を敷いた水に入れて、酒と薄口醤油を入れ、煮立たす。
二、茹でた三つ葉をくるっと結びにして、椀の中に入れて、一を注ぎ、柚子を散らす。

端午

●旧暦五月五日　新暦五月二十五日〜六月二十七日頃

「梅雨の邪気を祓う日」

端午は本来女性の節供。童女の成長を促し、女性特有の水の穢れによる病にかからないための儀式であった。鎌倉以降になって女性の血の道を整える「菖蒲《しょうぶ》」の音から「尚武」に通じる縁起に変化し、男子の祝いの日になる。流鏑馬《やぶさめ》や鯉のぼり、兜人形などが象徴とされる。

菖蒲や薬玉の香気で魔を祓い清める

子どもの日としておなじみの「端午の節供」。現代では男の子の節供とされていますが、実は女性にも深い関係があります。

五月五日は今の暦でいうと六月の上旬、梅雨の時期です。古代中国では、薬草を摘んだり、ヨモギで作った人形を戸口に飾り、ケガレを祓う日として過ごしたそうです。日本でも奈良時代の法典『養老律令《ようろうりつりょう》』に、「五月五日を節日《せつじつ》とする」とあり、旧暦五月の最初の午の日、葉や根、茎の香りや、尖った葉の先が邪気を祓うと信じられていた菖蒲やヨモギで、門や家の角をまつりました。ここから「端午の節会《せちえ》」は始まったといわれています。

雨が多いこの時期は、体調を壊しやすく、鬱々としがち。

奈良時代にはこの日の正午、薬草刈りに行く儀式がありましたが、これは、心身ともに注意が必要なこの日、災いや病気がもたらされないよう、太陽の光をいっぱいに浴びる正午に、邪気を祓う薬草を刈りに出かけたのです。

平安時代、宮中の「端午の節会」では、貴族たちは菖蒲を髪飾りにして、天皇に薬《くす》玉《だま》をたまわったとか。薬玉は竹を毬形に編んだものの中にさまざまな香木や薬草を入れ、五色の糸を垂らして飾ったもの。これが現代のさまざまなセレモニーで見られる「くす玉」のルーツです。

香りの強い菖蒲は薬になるといわれ、頭痛よけとして頭に巻いたり髪飾りにしたり。

粋人だった清少納言は「枕草子」で、「節《せち》は五月にしくはなし」、つまり、端午の節供に並ぶものはないと記しています。ヨモギや菖蒲を飾る様子、薬玉を部屋の柱や衣服に飾る情景、魔を祓い清める葉の香気を「いみじうをかし」と……。

平安の人々は邪気を祓う薬草を、美しい型で取り入れ楽しんでいたのですね。

古くは女の子の節供

今は男の子の節供としておなじみですが、古い時代は、女性が主役。上巳と同様、長雨で冷えたり病にかかりやすい女の子の成長を願う節供でした。

また、ヨモギや菖蒲はもともと万能薬として使われていました。

旧暦の五月五日は田植え月。

田植えの前に豊作を祈る儀式では、早乙女《さおとめ》（15歳未満の田植をする女性）が田の神を迎えるため、身を清め、納屋のようなところで忌み籠る。屋根にはヨモギや菖蒲の葉、床にも葉を敷きつめ、心身ともに精進潔斎して田植に備えていました。

わたしはフィールドワークで日本全国を歩いていますが、昭和の終わり頃までは、田植え歌を歌いながら田植えする光景を見かけました。風情ある歌声が響き、苗が美しく波打って本当にうれしそうな姿を見せていたのを覚えています。

菖蒲から尚武、男の子の節供へ

ではいつ頃から男の子の節供へと変わっていったのでしょうか？

鎌倉時代になると、菖蒲の音読み、〝ショウブ〟が「尚武」に通じることから、男の子の祝いの日として変化していきます。

男の子が尚猛々しくなって家をついでいくようにと、願いを込める日。武家社会になってからは、男の子の節供をきちんとすることが家の繁栄につながっていくとされ、端午の節供＝男の子の節供として定着したのです。

鎌倉時代には、武士が流鏑馬《やぶさめ》などの勇壮な行事を行うようになりましたが、今でもこの時期には各地で流鏑馬神事が行われていますね。

よく子どもの頃、新聞紙で兜を作ったというような記憶をお持ちの方もいらっしゃると思いますが、かつては菖蒲で兜を作った人形もはやりました。この武者人形が今の五月人形のルーツ。五月人形の兜には、家の繁栄の願いが込められていたのです。

出世の願いを込めた鯉のぼり

五月の風物詩は鯉のぼり。中国の故事で、鯉が黄河上流の急流「竜門」を昇ると龍になるという伝説から、出世や栄光の関門を「登竜門」と呼ぶようになりました。

鯉は立身出世のシンボルとされ、江戸時代の中頃から、男の子のたくましい成長を願って、鯉のぼりが立てられるようになりました。

鯉の上につけられる吹流しは、滝や雲になぞられたもの。

青、赤、黄、白、黒（紫）の五色は陰陽五行の木・火・土・金・水を表し、魔を祓うといわれました。

元々瑞雲《ずいうん》の兆しの象徴としてつけられたのでしょう。瑞雲とはめでたいことが起き

る予兆。聖人君子が出現するときや不老の象徴と見なされました。

ですから、男の子がいる家は、強くたくましく育つよう、立派になるよう、願の気持を込め、五色の吹き流しとセットで鯉のぼりを飾るといいでしょう。

人間というのは不思議なもので、願いをこめて儀式や行事を行うと、「ちゃんとやったのだから」と安心するもの。長年続いていることは「やったほうがいい」と無意識のなかに叩きこまれているのだと思います。

逆に、気が進まないときとか、きちんとやらないと何かが起こる予感がする、気持ちに魔が入るというか……。

そういう意味でも、伝統的に催行されてきたことは面倒がらずに、しきたりどおりに毎年欠かさず実施するほうが間違いなくスッキリするのではないでしょうか。

柏餅に込められた意味

端午のお菓子といえば柏餅、ちまきですね。

柏の葉は、若い芽が出ないと古い葉が落ちないことから、翌年の世の中のことを予見すると考えられており、また、そうした現象から跡継ぎが絶えない、子孫繁栄という縁起をかついだもの。もちろん、笹の葉同様に抗菌効果もあり、古くから炊《かし》き葉《は》といわれ、ご飯を炊くとき（主に蒸すとき）に敷き、乗せる器としても使われていました。

柏餅は家でも上新粉や白玉粉を使って簡単にできます。しっかり練って蒸すとやわらかく仕上がります。中にくるむのは、こし餡やつぶ餡、みそ餡も美味しいですね。ちまきは笹の葉や茅《かや》の葉でもち米を包んで蒸したもの。笹や茅の香りが餅米に染み入って美味しいものです。茅は「夏越の大祓」の「茅《ち》の輪《わ》」にも使われるように、病や災難を祓う葉ともされました。

端午の節供に食べたいもの

端午の節供には、スクスクと成長の早いたけのこ、勝男にかけてカツオ、出世魚のブリ、鯉のぼりにかけて鯉、めでたい鯛……男の子の成長、家の繁栄を願って、勢いのある食べ物が好んで食されました。

これらの食材を使って、鰹のたたき、たけのこの含め煮、鯛飯もいいかもと、いろんなメニューが浮かんできます。大晦日にも食べる習慣がある山梔子《くちなし》飯も魔除けということで端午によく食されて来ました。

むしむしと湿度が高いこの時期は、アクの強いものを食べて体力強化、来る夏の暑さにそなえましょう。ウドの酢のもの、山菜のお浸しなどもいいですね。

山菜は繊維質が豊富で、体の毒素を洗い流してくれます。また、この時期に不足しがちなカリウムも豊富に含まれています。山菜はアクが強いので、ゆがいたり、酢水にさらしてアク抜きを。

また、菖蒲湯も楽しみ。葉よりも茎のほうが血行促進、保温効果があるそうなので、できれば茎つきのものを選んでくださいね。

端午のアエノコト ――お品書き

湿気が多く、体調も不安定になる時期。食べ物は梅干しや酢を使ったものを、鰹などの魚には旬のニンニクや香味野菜を添えて食欲増進、元気がでます。

うるいの酢味噌
ワラビの煮浸し
あいこときくらげの炒め含煮
こんにゃくの田楽　木の芽味噌
空豆と季節の野菜のサラダ
うどの金平

蕗の辛いため、ぜんまいの白和え

空豆と季節の野菜のサラダ

こんにゃくの田楽　木の芽味噌

若布《わかめ》と蛸の酢の物

蕗の辛いため

ぜんまいの白和え

青パパイヤとタイ風ナッツサラダ

りんごと胡桃のゴルゴンゾーラ

アスパラの揚げ物

アスパラのバーニャカウダソース

鰹のたたき

豚肉の角煮

紅花のパエリア

おにぎり　糠漬け

紅花のパエリア

鰹のたたき

アスパラのバーニャカウダソース

自宅で作りたい端午のレシピ——鯛飯とかしわ餅

●鯛飯

〈材料〉米2合、水1000cc、昆布10センチ角1枚、薄口醤油大さじ1、酒大さじ1、塩小さじ2分の1、骨付き鯛の切り身、鯛の皮、三つ葉、胡麻

一、お米をといでザルにあけておく。
二、鯛を骨のまま香ばしくさっと塩焼し、熱いうちに皮をとっておく。
三、水に昆布、薄口醤油、酒、塩を入れて沸騰直前に昆布を出しておく。
四、土鍋にお米と三の出汁を入れ、そこに二と鯛の皮を入れてふたをして沸騰したら、3分ほど弱火で、最後に10分ほど蒸らして、鯛をほぐす。
五、三つ葉のみじん切りと胡麻を入れて、食す。

●柏餅

〈材料〉柏の葉8枚、上新粉120グラム、白玉粉80グラム、砂糖20グラム、味噌餡

※味噌餡はインゲン豆を煮て漉《こ》して滑らかにしたものに砂糖と白味噌で味を整える。

一、上新粉に熱湯を加え、さっとへらで混ぜ手でこねられるようになったらよく練る。濡れ布巾を敷いた蒸し器で15分蒸す。

二、白玉粉と砂糖を合わせ、水を少しづつ加えて粒が残らないようにこねる。

三、一が蒸し上がったら、あら熱をとりつつ、二を加えながらよくこねる。

四、8等分にして味噌餡を包み、蒸し器に並べてさらに強火で10分蒸して柏の葉に包む。

七夕

●旧暦七月七日　新暦七月三十一日〜八月二十九日頃

「罪穢れを清め技芸上達を願う日」

星祭とも呼ばれるこの日は、六月晦日に罪穢れを祓う「夏越《なごし》の大祓《おおはらえ》」と、女性の才覚が高まるよう祈る儀式、そして天の川伝説が重なって今に受け継がれている。秋へ向かう前に心身をチェックし、天へのお願いごとと同時に未来の自分への覚悟を決める。自分の才能を見つめ直すにもよい時期。

ダイエット成功
書道上達

お盆前の禊の儀式

天に願いをかける七月七日、織姫の恋、笹に七夕飾り……七夕にはみなさん、いろんな思い出があるのではないでしょうか。

旧暦七月は、文月《ふみづき》です。虫干しのように書物をひろげ、風にさらしていた習慣から「文披月《ふみひらき》」が転じて文月となったという説がありますが、稲穂がいよいよ実ろうとする様子から、「含み月」「穂含《ほふく》み月」とも言われます。

織姫、彦星の伝説は奈良時代に中国から伝わったものです。

では七夕の語源は？　七の夕と書き、「たなばた」と読むのはなぜか？

本来は「たなはた」。弥生時代から行われていた機織《はたお》りの儀式からきています。旧暦七月七日はお盆の1週間ほど前にあたり、水辺で機織りの乙女たちが神様の御衣を織る祭事が行われていました。これはお盆前の禊の儀式。

乙女たちは棚織《たなばた》つ女《め》、神にささげる衣は「神御衣《かんみそ》」と呼ばれます。この神御衣の儀式は今も伊勢神宮に「神御衣祭」として残されています。この機織りの乙女と中国から来た織姫が結びつき、七夕の行事につながっています。

女性の才覚が高まるよう祈りを捧げる日

天の川の恋物語は、中国・後漢時代に生まれた星伝説です。

天帝の娘・織女と牛飼いの牽牛は仕事を怠けるほど仲が良すぎたため、天の川を隔てて引き裂かれてしまった。が、2人があまりに悲しんだため、1年に1度、七夕の日にだけ会うことが許されたという物語。

織女・牽牛は、日本では「織姫と彦星」。

この伝説と同時に、中国からは「乞巧奠《きっこうでん》」という、裁縫や詩歌の上達を願う行事も伝わってきました。

七夕の日、宮中では、酒、果物など山海の産物、五色の糸を通した金銀7本の針を供えて、織姫をまつり、宮中での女性のたしなみ、裁縫や管弦、書の上達を祈ったといいます。

五色の糸は、やはり陰陽五行説にあてた赤・青・黄・白・黒（紫）。「乞巧」とは巧みを乞うこと、「奠」は祀るという意味です。

今でも当時の乞巧奠を再現する行事が各地に残っていて、東京・杉並の大宮八幡宮や埼玉県秩父の三峯神社などで美しい飾り棚が見られます。

このように七夕は、女性の裁縫が上達しますように、あるいは文字がうまくなりますようにと、祈りを捧げる日でした。女性の才覚を高めることは良い子を育てることに繋がり、家の繁栄にとって大切なことと考えられていたからです。

表を明るくするには、裏の世界の充実が欠かせません。男の人が社会に出て活躍するためには、必ず女性が後ろできちんと家を守ること。表の世界で快く仕事をしてもらうには、裏での女性の才覚が必要とされたのです。

現在は男女の区別がなくなっていますが、いずれにしても、家が掃除され美味しい食事ができ、気持ちのいい場所であれば気分も一新、仕事もがんばれるもの。どんな型に変わっても、表と裏がともに充実すること、そのバランスが大切だと思います。

短冊の意味、お願いごとは……

さて、七夕飾りにつきものの短冊。

七夕の飾り棚

上段／季節の食べ物やお酒を供えて、恵みに感謝する

下段左／織姫にちなみ、裁縫の上達を願って、五色の布や絹糸を飾る

下段右／書の上達を願う硯と筆。芋の葉の朝露で墨をすると、書が上達するという言い伝えも。

下段手前左／さくべい
古代中国の伝記をもとに伝わった七夕のお菓子
病よけに食され、和名は「むぎなは」小麦を練って細く伸ばす手法が伝えられ、これが現代の「素麺」のもと

下段手前右／梶の葉は紙の原料、短冊のルーツ

この原型は、紙の原料となる梶の葉です。昔はサトイモの葉にたまった露を「天の川のしずく」と考え、それで墨をすって、梶の木の葉7枚に和歌や願いごとを書き、星に手向けたそうです。風流ですね。梶の木の葉は、紙の原料となる大きな葉で、紙の代わりや食器の代わりにも用いられました。これが今の短冊のルーツ。

かつては七夕の前から短冊に願いをささげ、神を迎え入れ、七夕の数日後、神を送るとともに、自らの願いごとも送り出していました。年に1度の逢瀬をかなえる織姫と彦星が、人々の願いをも天に届けてくれると考えたのでしょう。

江戸幕府が七夕を年中行事と定めてから、武家では願いごとを書いた短冊を笹竹に飾りました。さらに寺子屋の普及とともに、裁縫や書、習いごとの上達を願う風習として定着したようです。浮世絵師・歌川広重が描いた「名所江戸百景　市中繁栄七夕祭」には、七夕飾りが江戸の町になびく風景が描かれています。そういえば、七夕の歌にも「五色のた〜んざく」とありますね。

子どもの頃に、色紙で笹竹の七夕飾りを作りましたよね。短冊は「学問や書の上達」を、色紙を輪のようにしてつなげる吹流しは「長寿」、紙衣は「裁縫の上達」、投網のような飾り切りは「豊漁豊作」を願う形だとされています。

小さい頃、「○○になれますように」とか「オモチャを買ってもらえますように」などと書いた人もいるかと思いますが、本来の意味からするとちょっと的外れ。でも、子どもにとっては真剣な祈りであることに変わりはないのだと思います。

七夕送りとお盆の行事

地方によっては、七夕飾りをした笹竹を川や海に流す風習が残っています。笹竹だけではなく、馬などの人形が使われたり、たいまつを灯したりもします。

ワラで作った馬の人形……そう、お盆の行事にもありますね。旧暦の七夕はお盆の時期と重なるため、お盆の行事と習合している場合があります。

お盆の時期は、あの世からご先祖さまが帰っていらっしゃる。ここで大層もてなして気分よく帰っていただかなければ、家の衰退やその土地の衰退につながる、そんなふうに考えられていたのです。お祭りや盆踊りで、こちらの人もあちらの世界の人もともに楽しんで、笹や人形とともに川や海に流して送りだす。

あちらの世界の人を迎えるということは、反対にあちら側へもっていかれることもあるということ。心の中でよくよく注意をしておかなければ、あの世に魂をもっていかれる時期でもあり、そういう意味でもおまつりが重要視されていたのです。

いずれにしても他の節供と同じく、水で穢れを祓い、水の害（病、水害など）を避けるおまつりでした。

今でも盛大な七夕行事といえば、仙台の七夕祭り、さまざまな紙製の行燈《あんどん》を担いで廻る青森のねぶた、提灯を竹竿に吊るして練り歩く秋田の竿燈《かんとう》などが有名ですね。

観光的要素が目立っていますが、そこには大きな鎮魂の気持ちが込められているのです。おなじみのおまつりも、そこに込められた意味を知ると、改めて違った受け取り方ができ、魂に響くのではないでしょうか。

お中元とそうめんの由来

お盆の時期というとお中元、「お中元は贈答品を送ること」と思われていますが、本来は道教の教えが日本に伝わったもの。

年に3回、正月十五日を「上元」、七月十五日を「中元」、十月十五日を「下元」とし、とくに中元の日は罪ケガレを祓う日として、庭で火を焚き神をお祀りしました。

火を焚いて魂をおさめる、実は花火も本来は同じ意味を持っているのです。あるいは、お盆の迎え火や送り火。これはあの世のものたちが迷わないように焚く火。

火を焚くことによって、浄化、ケガレを祓うという意味もあります。この時期は湿度が高く、火をずっと焚いていると乾燥していくので、湿気や水による病も癒えていくという考えもあったのではと思います。

そして、このときの〝お供え物〟をお世話になった人に配ったのが、お中元の始まりだそうです。

道教にはわたしたちの食に結びつく説話もあります。
古代中国で七月七日に皇帝の息子が亡くなり、１本足の鬼となり熱病を流行らせた。そこで、その子の好物だった「索餅《さくべい》」を供え、崇りを鎮めたという話です。かりんとうのようなこのお菓子は、今でも七夕の時期に見られます。

〝索〟は両手で縄をなうという意味、餅は小麦粉製品のこと。日本では古くは「むぎなは」と言われ、平安時代には市で売られたり、宮中でも食され、病よけのまじないとされていました。

実はこれが「素麺」の原型。室町時代に小麦粉を細長く伸ばす製法が伝わり、現代に残っているのです。「索餅」が天の川伝説とつながり、白く流れるそうめんを、天の川に見立てていただく習慣が生まれたのでしょう。

お中元の定番としてそうめんが使われていたのは、実はこういう意味もあったのだと、頭の隅に置いておいていただければと思います。

七夕におすすめの食べ物

七夕のアエノコト、そうめんは定番ですが、わたしはネギや胡麻、茗荷、錦糸卵など薬味を数種類用意します。このほか、夏負け対策として苦瓜など苦みのあるものもおすすめ。体の熱をとりながら老廃物を流してくれます。

83ページの五行説の表を見ると、五穀では麦。ビールがこの時期に美味しいのは、体を冷やし、不要なものを体から出してくれるから。苦瓜のお浸し、冬瓜とエビ団子のあんかけ、南瓜の含め煮、ぜんまいの煮物、きゅうりのぬか漬け、宮崎の郷土料理・冷や汁もいいですね。冬瓜はこの時期に食べると夏風邪をひかないと言われています。

冷たいものばかりでなく、体を冷やしてくれる瓜などの食材を温かいお料理でいただくのがポイント。体に残った毒素を排出してくれます。

七夕のアエノコト ――お品書き

体のむくみをとってくれる胡瓜や西瓜など旬の瓜類をとるとよいでしょう。血液浄化のトマトなど夏の美味とともに食しましょう。

糸瓜の白和え

生南瓜と瓜の前菜

苦瓜のお浸し

冬瓜と鶏とエビ団子のあんかけ

胡瓜と茗とカニの酢の物

茄子のピリ辛煮浸し

茄子のピリ辛煮浸し

そうめんの薬味

生南瓜と瓜の前菜、苦瓜のお浸し

お麩とじゃがいもの含め煮
ひじきの煮物
酢豚
野沢菜の玄米酒粕炒め
人参と晩柑《ぽんかん》と黒マスカットのサラダ
冷や汁
そうめん薬味三昧
キムチと水キムチ
ぬか漬け
落花生豆腐のデザート

落花生豆腐のデザート

冷や汁

人参と晩柑と黒マスカットのサラダ

自宅で作りたい七夕のレシピ

——そうめん薬味三昧と冬瓜と鶏団子のスープ

●そうめん

〈材料〉そうめん（1人分2把）、そうめんつゆ（焼きアゴ3匹、干し椎茸大2枚、水1・5カップ、かつお節50グラム、三温糖大さじ2、酒3分の1カップ、醤油150cc、みりん2分の1カップ）、薬味いろいろ

一、大きめの鍋にたっぷり水を入れ（そうめん2把に1リットルくらい）、火にかける。沸騰したら、そうめんをパラパラほぐしながら入れる。

二、湯がふきこぼれないよう強火で1～2分。食べてみて麺に芯がなければ茹であがり。

三、麺をざるにあけ、冷水で素早くもみ洗いしてぬめりをとる。

四、ぬめりがとれたら氷水に入れて、麺を引き締める。

・麺つゆ

一、焼きアゴと干し椎茸を前日から10時間以上水に浸しておく。戻し汁もあとで使う。

二、鍋に酒とみりんを入れて火にかけ、軽く沸騰させてアルコール分を飛ばす。一の戻し汁を入れ、醤油とかつお節を加える。沸騰したら火をとめ、そのまま少し冷ます。

三、もう一度火にかけ、沸騰させたら、ざるでこす。

四、三温糖を入れて味をなじませ完成。※調理中に一度冷ますと味が濃縮する

〈薬味〉・しょうがすりおろし　・ねぎ、みょうが、青じそ　・きゅうりの千切り　・ごま　・梅干し（包丁でたたいてペースト状に）　・海苔　・油揚げ（細切りにしてフライパンでからいり、醤油としょうがで軽く煮ても）　・オクラやモロヘイヤ（軽く湯がいて細かく切る）　・錦糸卵

●冬瓜と鶏団子のスープ

〈材料〉冬瓜4分の1個、鶏団子のタネ（鶏ひき肉300グラム、しょうが汁小さじ2、酒小さじ2、塩・薄口醤油少々、片栗粉小さじ1、白ネギ2分の1本）、水1リットル、酒大さじ3、しょうが薄切り4〜5枚、薄口醤油大さじ1・5〜2、塩少々

一、冬瓜は種とワタをとり、一口大に切って、皮を厚めにむく。

二、ボウルに鶏ひき肉、みじんぎりにした白ねぎ、調味料を入れて練り混ぜる。

三、鍋に水（好みで鶏ガラスープや出汁でもOK）、酒、しょうがの薄切り、冬瓜を入れ火にかける。

四、煮立ってきたら、鶏だんごのタネをスプーンで一口大にして加え、アクをすくう。

五、冬瓜が半透明になってきたら、塩と醤油で味をととのえて完成。

重陽

●旧暦九月九日　新暦十月三日～十一月一日頃

「九が重なるおめでたい日」

永遠の若さと命を願った菊の祭。九は陽数の極まる数とされ、その数が重なるめでたい日。平安以降宮中で祝われ、江戸時代には人日と並び最も公的な性質をもつ節供だった。大和の時代に中国から薬草としてもたらされた菊は、不老長寿の効果があると信じられ「菊酒」の風習につながっている。

99

陽が極まる日として祝う日

今のカレンダーだと九月は残暑、まだ暑い時期ですが、旧暦の九月は台風シーズンが過ぎ、収穫の時期。涼しくなって、秋の味覚と心地よい風を求めて出かけたくなります。

そんな頃の重陽の節供、今ではなじみのないものになっていますが、平安から江戸の頃までは、庶民の間でも宮中でも一大イベントの日でした。

月と日に九が重なる九月九日、古代中国では奇数は陽数と呼び、縁起のいい数字。そしてひとケタの陽数で最大の九が重なる「重陽」は、陽が極まる日として祝っていました。

「9＝苦しむ」ではなかったのですね。これが日本へと伝わり、九月九日の重陽が重要視されたのです。

九月は菊

旧暦九月は長月（長雨月）、菊月とも言われます。菊は晩秋から咲くため、重陽は「菊の節供」ともいわれました。

中国では、菊は長寿に効くとされ、九月九日には菊の花びらを浮かべた酒を酌み交わし、無病息災を願いました。この風習が奈良時代に伝わり、平安の頃には菊合わせという菊のコンクールを開いたり、菊を使って厄払いや長寿のおまじないをして宴を楽しんでいました。

今では菊はお墓やお仏壇の花というイメージかもしれませんが、もともとは中国から薬用としてもたらされたもの。血行不良には菊がいいとされ、どちらかというと〝若さ〟の象徴だったようです。

秋の長雨で体が冷える時期でもあり、この頃に咲く菊は、体の不調に効く薬として重宝されたのです。実際に菊は喉の痛みや風邪予防、貧血に効く成分も含まれていて、食べてよし、香りもよし、体にいい植物なのです。

また菊は、着物の模様にもよく使われました。日本の着物には薬効のある染料が多く使われ、着ることで薬になる、または、菊の模様で魔を祓うと考えたのでしょう。

また、山グミの赤い実も魔を祓うとされ、その枝を髪にさして邪気を遠ざけたとも。節供はお祓いの行事でもあり、菊の香りと文様、赤い実の色、いろいろなもので邪気とケガレを祓っていたのです。

庶民の間では、菊は手の届かない高価なものだったため、重陽には、この時期に収穫される栗や芋を食していました。

栗は夏の疲れをとって体力を回復させる、栄養価の高いもの。芋は芋づる式というように、たくさんなるので、多産の象徴として縁起がいいとされました。

菊で不調を祓い、栗や芋で体調を整える。重陽の節供は、これから始まる冬に備えるためにも大切な日、ぜひ現代にも復活してほしいと思います。

雅な菊のアロマ効果

実は平安の日本にも、現代のようなアロマセラピーがあったのです。

重陽の前日、菊の花を夜露から守るため綿で覆っていました。翌日、夜露と菊の香りを吸ったこの「被綿《きせわた》」で顔や体をぬぐうと、若さが保たれると人気だったとか。なんとも優雅なアロマセラピー。

『源氏物語』の作者、紫式部はお仕えする藤原道長の正妻から菊の綿を贈られたと日記に書いています。菊綿は真綿、今でいうシルクですから、高価な贈り物だったはず。漢方でも菊の花は目の疲れにいいとされ、乾燥させた花びらをアイピロウにしたり、枕に入れた「菊枕」も安眠効果があるといわれています。

おなじみのカモミールもキク科の植物で、リラックス効果や炎症を鎮める作用があります。「菊花茶」も寒くなる季節にもってこいです。お湯を注ぐと美しい花弁が開き、のどの炎症や風邪予防にいいそうです。

菊の高貴な香りは心を落ち着かせてくれるもの。秋の夜長に菊でアロマセラピー、オススメです。

重陽の節供に食べたいもの

日本料理で菊は飾りとしてよく使われますが、食用としても試してほしいもの。湯通しして使って、梨や大根となますにしたり、お浸しや胡麻和えに。ビタミンやカリウムなどミネラルをバランスよく含んでいるため、冷えや不眠、頭痛、肩こり、目の疲れなどに効果があります。もちろん、食用のものを選んでくださいね。

お酒は、日本酒の熱燗に菊の花びらを浮かべて菊酒に。菊花茶のように、香りを楽しんでみて。テーブルに菊の花をコーディネートすると重陽気分も盛り上がりそう。

ビタミン豊富で免疫力を高める栗は、たきこみご飯や渋皮煮に。さつまいもや秋ナスも美味しい時期なので、炊き合わせもいいですね。さつまいもとリンゴのサラダもささっと作れる秋のメニュー。

肉類は鹿、鴨など、ジビエが美味しくなる季節。鹿肉はハーブとオイルでマリネしてからソテーすると、臭みが消えていい香り、肉も柔らかくなります。

寒暖の差が生じ、体調を壊しやすい時期、実りに感謝し、栄養豊富な食べ物でこれからの季節に備えてください。

重陽のアエノコト　――お品書き

菊に栗にお芋、鹿や猪などのジビエ、さんまや鯖など美味しいものが多い季節、いつもとは違うハレの日のメニューで、今年をより充実した年で終える気構えを養いましょう

銀杏の中華風炒め
さんまの南蛮漬け
松茸ごはん
なめこと胡瓜の柚子大根おろし
鴨の秋野菜汁
賀茂茄子の鶏味噌

季節の野菜の薬膳ソース

なめこと胡瓜の柚子大根おろし

松茸ごはん

里芋と烏賊の煮物

季節の野菜の薬膳ソース

菊の白和え

サツマイモとリンゴのサラダ

たかきびのローフ

もってのほか（菊）とお麩のなます

梨と海月の和え物

利平栗《りへいぐり》の渋皮煮

利平栗の渋皮煮

もってのほか（菊）とお麩のなます

たかきびのローフ

自宅で作りたい重陽のレシピ——菊なますと利平栗の渋皮煮

●もってのほか（菊）なます

〈材料〉もってのほか（菊）のほか、十文字菊などの食用菊をそれぞれ色違いで20グラム、三杯酢（酢大さじ1、薄口醬油小さじ1、砂糖小さじ2）

一、菊は大きめの鍋に水を沸騰させ、酢を少々入れ、それぞれさっとゆでる。
二、三杯酢でさっと彩りよく和える。
※さっと茹でた菊、茹でたほうれん草をフライパンで表面をあぶって細切りに薄揚げと胡麻和えにしても彩りがきれいで美味しい。

●利平栗の渋皮煮

〈材料〉栗1キログラム、重曹大さじ1、きび砂糖500グラム、黒砂糖200グラム

一、栗をきれいに洗って、熱湯につける。
二、丁寧に渋皮を残して、剝き上げる。

三、大きめの鍋に栗がかぶるくらいの水を入れ、重曹3分の1を加え中火にかける。
四、沸騰したら、アクを取り、少し茹でて茹で汁を捨て、栗をさっと洗う。
五、三、四を2～3回繰り替えし、アクが出なくなってきたら、ぬるま湯で丁寧に筋を取り除く。
六、鍋に柔らかくなった栗に落としぶたをし、黍砂糖を半分入れてコトコト弱火で煮る。
七、少し煮詰まってきたところに残りの黍砂糖を加え、さらにコトコト弱火で煮続ける。
八、一晩置く。
九、八から栗を取り除き、黒砂糖を入れて煮詰める。
十、九に栗を戻して、さっと絡めるように煮て出来上がり。

おわりに

現代人はとかく頭でばかりものを考えがちです。ものを考えるのは頭だと決めつけているようにも思えます。

ここ十数年、早朝の公園を散歩しています。見知らぬ方と顔なじみになり、気がつくと挨拶をしている。新鮮な空気に身を浸し、ラジオ体操で身体を伸ばし、お寺で身体全体を使って声を発する……。ふと1日の始まりが確立されていくと同時に気づくことがありました。身体が心地よくないと、頭も心も心地よくないのだと。

伝統とは従来の文化の上に「今」を付加し、未来に受け継いでいくこと。では果たして、伝統的に生きるとはどういうことだろう。伝統的に生きることとは心身のバランスを取ることにつながるのではないだろうか。

かつて、日々気づいたことを所属していた科学系の研究所の先生とディスカッションしていました。そのうち研究だけではあきたらず、実践の場を模索し始めました。先人たちに倣った昔の暦に添う生活。本書でもご紹介しました「アエノコト」の原点です。先人のように、生態系の一部としての自分を意識するきっかけとして、日本特有の季節を味わい、意味を考え、身体を調律する節供という形に集約してみたのです。「アエノコト」はマツリゴト。会を重ねるうちに、よい人との出会いが生まれ、型が決まり、場が和みます。実にこの本の企画も生まれました。

民俗学は基本的に口承や型で伝えられた文化。より明確に理解していただくために言葉で伝えることを主にしてきました。書籍にするにはややハードルが高い分野だったのです。ただ口を開けば、誰もが関心を示し、また3・11の大震災を通じ、先人たちの智恵に注目する地震学者の言葉や世論を受け、より具体的な方向として本の必要性を感じた次第です。今回はその意図を色濃く打ち出しているわけではありませんが、各所に織り込まれています。ぜひその謎解きもしていただければと存じます。

本書をまとめるにあたりお世話になった(有)ドルフィン・コミュニケーションの有川晴代氏、大西美貴氏、アエノコトの開催でお世話になっている神楽サロンの奥山秀郎氏をはじめスタッフの方、また研究の機会を与えてくださった宇宙航空研究開発機構の故・桑原邦郎氏、中部大学の武田邦彦氏に深甚なる謝意を表したいと存じます。

二〇一二年　晩秋　　井戸理恵子

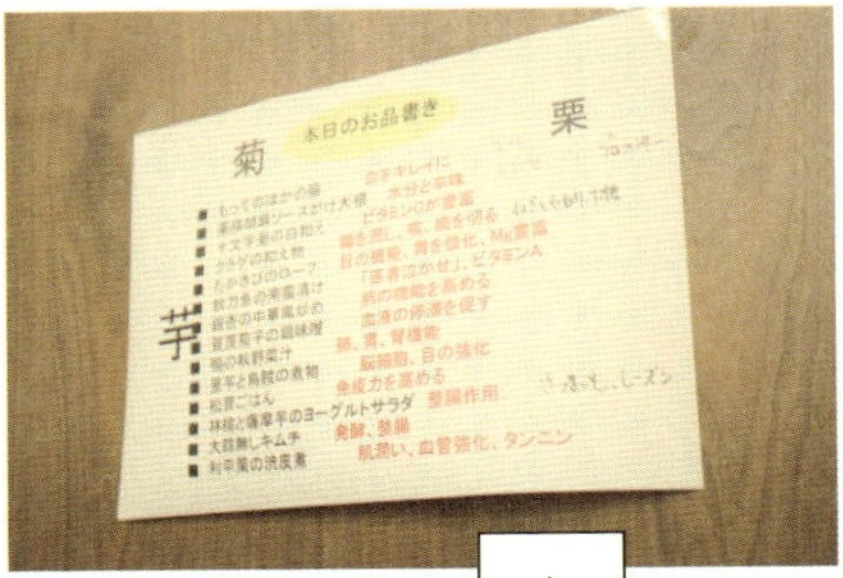

ある重陽のアエノコト

料理は数日前から用意し、当日は会場の神楽ビルで、お昼過ぎから準備。安全・安心な旬の素材を調達し、毎回20種類ほどのオリジナルメニューを約50人分作る。その料理には疲れた胃腸を休め、少々の風邪など吹き飛ばす力が。体が喜ぶ「アエノコト養生訓」がここにある。

左は血液をサラサラにする「賀茂茄子の鶏味噌」。下はビタミンCが豊富で風邪に効く自然栽培の野菜類。薬膳ソースでいただく辛味大根がとっても美味しい。

お食事前にレクチャー。折々の節供の意味や、旬の素材の効用などのお話を。その後、節供のための雅楽を笙や笛で演奏、凛とした音色が場を清める。いつもとは違うひとときを味わう。

「ときどき旧暦に心身のチューニングを。食を通じて節供をともに過ごし、体が自然のリズムを取り戻す機会を持ちましょう」

付録

旧暦カレンダー

――平成二十五年（2013年）・平成二十六年（2014年）カレンダー――

・**六曜**　暦のお日柄（先勝《せんかち》・友引《ともびき》・先負《せんまけ》・仏滅《ぶつめつ》・大安《たいあん》・赤口《しゃっく》の6種）

・**月齢**　満月○＝自分を見つめ直すのによい日
新月●＝新しいことを始めるのによい日

・**旧暦**　五節供　二十四節気　雑節

・**巳の日**　乙巳《きのとみ》・丁巳《ひのとみ》・己　巳《つちのとみ》・辛巳《かのとみ》・癸　巳《みずのとみ》＝大地のエネルギーが強まる
風土（産土さまや氏神さま）とのつながりを意識して
近所の神社におまいりするとよい日

癸巳／平成25年／2013年

1月―睦月《むつき》

	1	火	赤口	元日
	2	水	先勝	
	3	木	友引	己巳
	4	金	先負	
	5	土	仏滅	小寒
	6	日	大安	
	7	月	赤口	
	8	火	先勝	
	9	水	友引	
	10	木	先負	
	11	金	仏滅	
●	12	土	赤口	旧暦 12/1　新月
	13	日	先勝	
	14	月	友引	成人の日
	15	火	先負	辛巳
	16	水	仏滅	
	17	木	大安	冬土用入
	18	金	赤口	
	19	土	先勝	
	20	日	友引	大寒
	21	月	先負	
	22	火	仏滅	
	23	水	大安	
	24	木	赤口	
	25	金	先勝	
	26	土	友引	旧暦 12/15
○	27	日	先負	癸巳　満月
	28	月	仏滅	
	29	火	大安	
	30	水	赤口	
	31	木	先勝	

2月―如月《きさらぎ》

	1	金	友引	
	2	土	先負	
	3	日	仏滅	節分
	4	月	大安	立春
	5	火	赤口	
	6	水	先勝	
	7	木	友引	
	8	金	先負	乙巳
	9	土	仏滅	
●	10	日	先勝	旧暦 1/1　旧正月　新月
	11	月	友引	建国記念の日
	12	火	先負	
	13	水	仏滅	
	14	木	大安	
	15	金	赤口	
	16	土	先勝	旧暦 1/7　人日
	17	日	友引	
	18	月	先負	雨水
	19	火	仏滅	
	20	水	大安	丁巳
	21	木	赤口	
	22	金	先勝	
	23	土	友引	
	24	日	先負	旧暦 1/15
	25	月	仏滅	
○	26	火	大安	満月
	27	水	赤口	
	28	木	先勝	

3月—弥生《やよい》

1	金	友引	
2	土	先負	
3	日	仏滅	
4	月	大安	己巳
5	火	赤口	啓蟄
6	水	先勝	
7	木	友引	
8	金	先負	
9	土	仏滅	
10	日	大安	
11	月	赤口	
●12	火	友引	旧暦 2/1　新月
13	水	先負	
14	木	仏滅	
15	金	大安	
16	土	赤口	辛巳
17	日	先勝	彼岸入
18	月	友引	
19	火	先負	
20	水	仏滅	春分の日　春分
21	木	大安	
22	金	赤口	
23	土	先勝	彼岸明　春社
24	日	友引	
25	月	先負	
26	火	仏滅	旧暦 2/15
○27	水	大安	満月
28	木	赤口	癸巳
29	金	先勝	
30	土	友引	
31	日	先負	

4月—卯月《うづき》

1	月	仏滅	
2	火	大安	
3	水	赤口	
4	木	先勝	
5	金	友引	清明
6	土	先負	
7	日	仏滅	
8	月	大安	
9	火	赤口	乙巳
●10	水	先負	旧暦 3/1　新月
11	木	仏滅	
12	金	大安	旧暦 3/3　上巳
13	土	赤口	
14	日	先勝	
15	月	友引	
16	火	先負	
17	水	仏滅	春土用入
18	木	大安	
19	金	赤口	
20	土	先勝	穀雨
21	日	友引	丁巳
22	月	先負	
23	火	仏滅	
24	水	大安	旧暦 3/15
25	木	赤口	
○26	金	先勝	満月
27	土	友引	
28	日	先負	
29	月	仏滅	昭和の日
30	火	大安	

5月——皐月 さつき

1	水	赤口	
2	木	先勝	八十八夜
3	金	友引	己巳　憲法記念日
4	土	先負	みどりの日
5	日	仏滅	こどもの日　立夏
6	月	大安	振替休日
7	火	赤口	
8	水	先勝	
9	木	友引	
●10	金	仏滅	旧暦 4/1　新月
11	土	大安	
12	日	赤口	
13	月	先勝	
14	火	友引	
15	水	先負	辛巳
16	木	仏滅	
17	金	大安	
18	土	赤口	
19	日	先勝	
20	月	友引	
21	火	先負	小満
22	水	仏滅	
23	木	大安	
24	金	赤口	旧暦 4/15
○25	土	先勝	満月
26	日	友引	
27	月	先負	癸巳
28	火	仏滅	
29	水	大安	
30	木	赤口	
31	金	先勝	

6月——水無月 みなづき

1	土	友引	
2	日	先負	
3	月	仏滅	
4	火	大安	
5	水	赤口	芒種
6	木	先勝	
7	金	友引	
8	土	先負	乙巳
●9	日	大安	旧暦 5/1　新月
10	月	赤口	
11	火	先勝	入梅
12	水	友引	
13	木	先負	旧暦 5/5　端午
14	金	仏滅	
15	土	大安	
16	日	赤口	
17	月	先勝	
18	火	友引	
19	水	先負	
20	木	仏滅	丁巳
21	金	大安	夏至
22	土	赤口	
○23	日	先勝	旧暦5/15　満月
24	月	友引	
25	火	先負	
26	水	仏滅	
27	木	大安	
28	金	赤口	
29	土	先勝	
30	日	友引	

7月——文月 ふみづき

	1	月	先負	
	2	火	仏滅	己巳　半夏生
	3	水	大安	
	4	木	赤口	
	5	金	先勝	
	6	土	友引	
	7	日	先負	小暑
●	8	月	赤口	旧暦 6/1　新月
	9	火	先勝	
	10	水	友引	
	11	木	先負	
	12	金	仏滅	
	13	土	大安	
	14	日	赤口	辛巳
	15	月	先勝	海の日
	16	火	友引	
	17	水	先負	
	18	木	仏滅	
	19	金	大安	夏土用入
	20	土	赤口	
	21	日	先勝	
	22	月	友引	旧暦 6/15
○	23	火	先負	大暑　満月
	24	水	仏滅	
	25	木	大安	
	26	金	赤口	癸巳
	27	土	先勝	
	28	日	友引	
	29	月	先負	
	30	火	仏滅	
	31	水	大安	

8月——葉月 はづき

	1	木	赤口	
	2	金	先勝	
	3	土	友引	
	4	日	先負	
	5	月	仏滅	
	6	火	大安	
●	7	水	先勝	乙巳 旧暦 7/1 立秋 新月
	8	木	友引	
	9	金	先負	
	10	土	仏滅	
	11	日	大安	
	12	月	赤口	
	13	火	先勝	旧暦 7/7　七夕
	14	水	友引	
	15	木	先負	
	16	金	仏滅	
	17	土	大安	
	18	日	赤口	
	19	月	先勝	丁巳
	20	火	友引	
○	21	水	先負	旧暦 7/15　満月
	22	木	仏滅	
	23	金	大安	処暑
	24	土	赤口	
	25	日	先勝	
	26	月	友引	
	27	火	先負	
	28	水	仏滅	
	29	木	大安	
	30	金	赤口	
	31	土	先勝	己巳

9月——長月 ながつき

	1	日	友引	二百十日
	2	月	先負	
	3	火	仏滅	
	4	水	大安	
●	5	木	友引	旧暦 8/1　新月
	6	金	先負	
	7	土	仏滅	白露
	8	日	大安	
	9	月	赤口	
	10	火	先勝	
	11	水	友引	二百二十日
	12	木	先負	辛巳
	13	金	仏滅	
	14	土	大安	
	15	日	赤口	
	16	月	先勝	敬老の日
	17	火	友引	
	18	水	先負	
○	19	木	仏滅	旧暦 8/15　秋社　十五夜　満月
	20	金	大安	彼岸入
	21	土	赤口	
	22	日	先勝	
	23	月	友引	秋分の日　秋分
	24	火	先負	癸巳
	25	水	仏滅	
	26	木	大安	彼岸明
	27	金	赤口	
	28	土	先勝	
	29	日	友引	
	30	月	先負	

10月——神無月 かんなづき

	1	火	仏滅	
	2	水	大安	
	3	木	赤口	
	4	金	先勝	
●	5	土	先負	旧暦 9/1　新月
	6	日	仏滅	乙巳
	7	月	大安	
	8	火	赤口	寒露
	9	水	先勝	
	10	木	友引	
	11	金	先負	
	12	土	仏滅	
	13	日	大安	旧暦 9/9　重陽
	14	月	赤口	体育の日
	15	火	先勝	
	16	水	友引	
	17	木	先負	十三夜
	18	金	仏滅	丁巳
○	19	土	大安	旧暦 9/15　満月
	20	日	赤口	秋土用入
	21	月	先勝	
	22	火	友引	
	23	水	先負	霜降
	24	木	仏滅	
	25	金	大安	
	26	土	赤口	
	27	日	先勝	
	28	月	友引	
	29	火	先負	
	30	水	仏滅	己巳
	31	木	大安	

11月——霜月《しもつき》

1	金	赤口	
2	土	先勝	
● 3	日	仏滅	文化の日 旧暦 10/1 新月
4	月	大安	振替休日
5	火	赤口	
6	水	先勝	
7	木	友引	立冬
8	金	先負	
9	土	仏滅	
10	日	大安	
11	月	赤口	辛巳
12	火	先勝	
13	水	友引	
14	木	先負	
15	金	仏滅	
16	土	大安	
17	日	赤口	旧暦 10/15
○ 18	月	先勝	満月
19	火	友引	
20	水	先負	
21	木	仏滅	
22	金	大安	小雪
23	土	赤口	癸巳　勤労感謝の日
24	日	先勝	
25	月	友引	
26	火	先負	
27	水	仏滅	
28	木	大安	
29	金	赤口	
30	土	先勝	

12月——師走《しわす》

1	日	友引	
2	月	先負	
● 3	火	大安	旧暦 11/1　新月
4	水	赤口	
5	木	先勝	乙巳
6	金	友引	
7	土	先負	大雪
8	日	仏滅	
9	月	大安	
10	火	赤口	
11	水	先勝	
12	木	友引	
13	金	先負	
14	土	仏滅	
15	日	大安	
16	月	赤口	
○ 17	火	先勝	丁巳　旧暦 11/15　満月
18	水	友引	
19	木	先負	
20	金	仏滅	
21	土	大安	
22	日	赤口	冬至
23	月	先勝	天皇誕生日
24	火	友引	
25	水	先負	
26	木	仏滅	
27	金	大安	
28	土	赤口	
29	日	先勝	己巳
30	月	友引	
31	火	先負	

甲午／平成26年／2014年

1月——睦月《むつき》

●1	水	赤口	元日　旧暦 12/1　新月
2	木	先勝	
3	金	友引	
4	土	先負	
5	日	仏滅	小寒
6	月	大安	
7	火	赤口	
8	水	先勝	
9	木	友引	
10	金	先負	辛巳
11	土	仏滅	
12	日	大安	
13	月	赤口	成人の日
14	火	先勝	
15	水	友引	旧暦 12/15
○16	木	先負	満月
17	金	仏滅	冬土用入
18	土	大安	
19	日	赤口	
20	月	先勝	大寒
21	火	友引	
22	水	先負	癸巳
23	木	仏滅	
24	金	大安	
25	土	赤口	
26	日	先勝	
27	月	友引	
28	火	先負	
29	水	仏滅	
30	木	大安	
●31	金	先勝	旧暦 1/1　旧正月　新月

2月——如月《きさらぎ》

1	土	友引	
2	日	先負	
3	月	仏滅	乙巳　節分
4	火	大安	立春
5	水	赤口	
6	木	先勝	旧暦 1/7　人日
7	金	友引	
8	土	先負	
9	日	仏滅	
10	月	大安	
11	火	赤口	建国記念の日
12	水	先勝	
13	木	友引	
14	金	先負	旧暦 1/15
○15	土	仏滅	丁巳　満月
16	日	大安	
17	月	赤口	
18	火	先勝	
19	水	友引	雨水
20	木	先負	
21	金	仏滅	
22	土	大安	
23	日	赤口	
24	月	先勝	
25	火	友引	
26	水	先負	
27	木	仏滅	己巳
28	金	大安	

3月—弥生《やよい》

●	1	土	友引	旧暦 2/1　新月
	2	日	先負	
	3	月	仏滅	
	4	火	大安	
	5	水	赤口	
	6	木	先勝	啓蟄
	7	金	友引	
	8	土	先負	
	9	日	仏滅	
	10	月	大安	
	11	火	赤口	辛巳
	12	水	先勝	
	13	木	友引	
	14	金	先負	
	15	土	仏滅	旧暦 2/15
	16	日	大安	
○	17	月	赤口	満月
	18	火	先勝	彼岸入　春社
	19	水	友引	
	20	木	先負	
	21	金	仏滅	春分の日　春分
	22	土	大安	
	23	日	赤口	癸巳
	24	月	先勝	彼岸明
	25	火	友引	
	26	水	先負	
	27	木	仏滅	
	28	金	大安	
	29	土	赤口	
	30	日	先勝	
●	31	月	先負	旧暦 3/1　新月

4月—卯月《うづき》

	1	火	仏滅	
	2	水	大安	旧暦 3/3　上巳
	3	木	赤口	
	4	金	先勝	乙巳
	5	土	友引	清明
	6	日	先負	
	7	月	仏滅	
	8	火	大安	
	9	水	赤口	
	10	木	先勝	
	11	金	友引	
	12	土	先負	
	13	日	仏滅	
	14	月	大安	旧暦 3/15
○	15	火	赤口	満月
	16	水	先勝	丁巳
	17	木	友引	春土用入
	18	金	先負	
	19	土	仏滅	
	20	日	大安	穀雨
	21	月	赤口	
	22	火	先勝	
	23	水	友引	
	24	木	先負	
	25	金	仏滅	
	26	土	大安	
	27	日	赤口	
	28	月	先勝	己巳
●	29	火	仏滅	昭和の日　旧暦 4/1　新月
	30	水	大安	

5月――皐月《さつき》

1	木	赤口	
2	金	先勝	八十八夜
3	土	友引	憲法記念日
4	日	先負	みどりの日
5	月	仏滅	こどもの日　立夏
6	火	大安	振替休日
7	水	赤口	
8	木	先勝	
9	金	友引	
10	土	先負	辛巳
11	日	仏滅	
12	月	大安	
13	火	赤口	旧暦 4/15
14	水	先勝	
○15	木	友引	満月
16	金	先負	
17	土	仏滅	
18	日	大安	
19	月	赤口	
20	火	先勝	
21	水	友引	小満
22	木	先負	癸巳
23	金	仏滅	
24	土	大安	
25	日	赤口	
26	月	先勝	
27	火	友引	
28	水	先負	
●29	木	大安	旧暦 5/1　新月
30	金	赤口	
31	土	先勝	

6月――水無月《みなづき》

1	日	友引	
2	月	先負	旧暦 5/5　端午
3	火	仏滅	乙巳
4	水	大安	
5	木	赤口	
6	金	先勝	芒種
7	土	友引	
8	日	先負	
9	月	仏滅	
10	火	大安	
11	水	赤口	入梅
12	木	先勝	旧暦5/15
○13	金	友引	満月
14	土	先負	
15	日	仏滅	丁巳
16	月	大安	
17	火	赤口	
18	水	先勝	
19	木	友引	
20	金	先負	
21	土	仏滅	夏至
22	日	大安	
23	月	赤口	
24	火	先勝	
25	水	友引	
26	木	先負	
●27	金	赤口	己巳　旧暦 6/1　新月
28	土	先勝	
29	日	友引	
30	月	先負	

7月—文月《ふみづき》

1	火	仏滅	
2	水	大安	半夏生
3	木	赤口	
4	金	先勝	
5	土	友引	
6	日	先負	
7	月	仏滅	小暑
8	火	大安	
9	水	赤口	辛巳
10	木	先勝	
11	金	友引	旧暦 6/15
○12	土	先負	満月
13	日	仏滅	
14	月	大安	
15	火	赤口	
16	水	先勝	
17	木	友引	
18	金	先負	
19	土	仏滅	
20	日	大安	夏土用入
21	月	赤口	癸巳　海の日
22	火	先勝	
23	水	友引	大暑
24	木	先負	
25	金	仏滅	
26	土	大安	
●27	日	先勝	旧暦 7/1　新月
28	月	友引	
29	火	先負	
30	水	仏滅	
31	木	大安	

8月—葉月《はづき》

1	金	赤口	
2	土	先勝	乙巳　旧暦 7/7　七夕
3	日	友引	
4	月	先負	
5	火	仏滅	
6	水	大安	
7	木	赤口	立秋
8	金	先勝	
9	土	友引	
10	日	先負	旧暦 7/15
○11	月	仏滅	満月
12	火	大安	
13	水	赤口	
14	木	先勝	丁巳
15	金	友引	
16	土	先負	
17	日	仏滅	
18	月	大安	
19	火	赤口	
20	水	先勝	
21	木	友引	
22	金	先負	
23	土	仏滅	処暑
24	日	大安	
●25	月	友引	旧暦 8/1　新月
26	火	先負	己巳
27	水	仏滅	
28	木	大安	
29	金	赤口	
30	土	先勝	
31	日	友引	

9月——長月 ながつき

	1	月	先負	二百十日
	2	火	仏滅	
	3	水	大安	
	4	木	赤口	
	5	金	先勝	
	6	土	友引	
	7	日	先負	辛巳
	8	月	仏滅	旧暦 8/15 白露 十五夜
○	9	火	大安	満月
	10	水	赤口	
	11	木	先勝	二百二十日
	12	金	友引	
	13	土	先負	
	14	日	仏滅	
	15	月	大安	敬老の日
	16	火	赤口	
	17	水	先勝	
	18	木	友引	
	19	金	先負	癸巳
	20	土	仏滅	彼岸入
	21	日	大安	
	22	月	赤口	
	23	火	先勝	秋分の日　秋分
●	24	水	先負	旧暦 9/1　秋社　新月
	25	木	仏滅	
	26	金	大安	彼岸明
	27	土	赤口	
	28	日	先勝	
	29	月	友引	
	30	火	先負	

10月——神無月 かんなづき

	1	水	仏滅	乙巳
	2	木	大安	旧暦 9/9　重陽
	3	金	赤口	
	4	土	先勝	
	5	日	友引	
	6	月	先負	十三夜
	7	火	仏滅	
○	8	水	大安	旧暦 9/15　寒露　満月
	9	木	赤口	
	10	金	先勝	
	11	土	友引	
	12	日	先負	
	13	月	仏滅	丁巳　体育の日
	14	火	大安	
	15	水	赤口	
	16	木	先勝	
	17	金	友引	
	18	土	先負	
	19	日	仏滅	
	20	月	大安	秋土用入
	21	火	赤口	
	22	水	先勝	
	23	木	友引	霜降
●	24	金	先負	旧暦閏*9/1　新月
	25	土	仏滅	己巳
	26	日	大安	
	27	月	赤口	
	28	火	先勝	
	29	水	友引	
	30	木	先負	
	31	金	仏滅	

*10月の旧暦には「閏月《うるうづき》」があります。約３年に１カ月、19年に７回、１カ月分の旧暦月が挿入されます。

11月——霜月 しもつき

1	土	大安	
2	日	赤口	
3	月	先勝	文化の日
4	火	友引	
5	水	先負	
6	木	仏滅	辛巳
○ 7	金	大安	旧暦閏*9/15 立冬 満月
8	土	赤口	
9	日	先勝	
10	月	友引	
11	火	先負	
12	水	仏滅	
13	木	大安	
14	金	赤口	
15	土	先勝	
16	日	友引	
17	月	先負	
18	火	仏滅	癸巳
19	水	大安	
20	木	赤口	
21	金	先勝	
● 22	土	仏滅	旧暦 10/1　小雪　新月
23	日	大安	勤労感謝の日
24	月	赤口	振替休日
25	火	先勝	
26	水	友引	
27	木	先負	
28	金	仏滅	
29	土	大安	
30	日	赤口	乙巳

*11月の旧暦には「閏《うるう》月《づき》」があります。約3年に1カ月、19年に7回、1カ月分の旧暦月が挿入されます。

12月——師走 しわす

1	月	先勝	
2	火	友引	
3	水	先負	
4	木	仏滅	
5	金	大安	
○ 6	土	赤口	旧暦 10/15　満月
7	日	先勝	大雪
8	月	友引	
9	火	先負	
10	水	仏滅	
11	木	大安	
12	金	赤口	丁巳
13	土	先勝	
14	日	友引	
15	月	先負	
16	火	仏滅	
17	水	大安	
18	木	赤口	
19	金	先勝	
20	土	友引	
21	日	先負	
● 22	月	大安	旧暦 11/1　冬至　新月
23	火	赤口	天皇誕生日
24	水	先勝	己巳
25	木	友引	
26	金	先負	
27	土	仏滅	
28	日	大安	
29	月	赤口	
30	火	先勝	
31	水	友引	

【著者紹介】

井戸　理恵子（いど・りえこ）

◉——民俗情報工学研究家。1964年北海道北見市生まれ。國學院大學卒業後、株式会社リクルート フロムエーへ入社、営業職を経て退職。現在、多摩美術大学の非常勤講師として教鞭を執る傍ら、日本全国をまわって、先人の受け継いできた各地に残る伝統儀礼、風習、歌謡、信仰、地域特有の祭り、習慣、伝統技術などを民俗学的な視点から、その意味と本質を読み解き、現代に活かすことを目的とする活動を精力的に続けている。

◉——最近では、ホテルや温泉施設、化粧品会社の商品などのコンセプト、デザイン、ネーミングなどに携わるほか、映画やオペラ、アニメなどの時代考証、アドバイザーも務めている。「Back to future Japan（日本の未来に還ろう）」をコンセプトに、人間国宝や職人、科学者、神社界・仏教界の重鎮たちをネットワークし、伝統技術の継承にも積極的に関わっている。

暦《こよみ》・しきたり・アエノコト

日本人《にほんじん》が大切《たいせつ》にしたいうつくしい暮《く》らし　〈検印廃止〉

2012年11月19日　第1刷発行

著　者——井戸　理恵子

発行者——斉藤　龍男

発行所——株式会社かんき出版

東京都千代田区麴町4-1-4西脇ビル　〒102-0083

電話　営業部：03(3262)8011㈹

編集部：03(3262)8012㈹

FAX　03(3234)4421　振替　00100-2-62304

http://www.kankidirect.com/

印刷所——ベクトル印刷株式会社

ISBN978-4-7612-6874-9 C0076